Für

Multa Beermann

herzlichen

Christian Ma...

Weihnachten 2017

CHRISTIAN STEIGER

Rosemarie Nitribitt

Autopsie eines deutschen Skandals

HEEL

Rosemarie Nitribitt

Autopsie eines deutschen Skandals

„Darum merkte ich, dass nichts Besseres darin ist
denn fröhlich sein und gütlich tun im Leben. "

Inschrift auf dem Grabstein der Rosemarie Nitribitt,
Nordfriedhof Düsseldorf, vervollständigt nach Prediger 2, 12

IMPRESSUM

HEEL Verlag GmbH
Gut Pottscheidt
53639 Königswinter
Tel.: (0 22 23) 92 30-0
Fax: (0 22 23) 92 30-13
E-Mail: info@heel-verlag.de
Internet: www.heel-verlag.de

Bildnachweis:
Christian Steiger: S. 4, 31, 34, 129
Sammlung Christian Steiger: S. 14, 15, 16, 39, 43, 62, 91, 97, 116, 117, 123, 141, 149, 162, 171, 172, 173, 175, 177, 179, 180, 183
Sammlung Polizeipräsidium Frankfurt am Main: S. 13, 17, 23, 26, 27, 52, 53, 54, 57, 58, 59, 60, 67, 77, 79, 92, 94, 105, 109, 112, 113
Kurt Weiner/Institut für Stadtgeschichte Frankfurt am Main: S. 47, 159
Institut für Stadtgeschichte Frankfurt am Main: S. 89, 121
Ullstein: S. 49, 50, 65, 71, 75, 81, 83, 127, 143, 145, 147, 163, 165, 181
Jochen Perrey: S. 61
Claudius Arnold: S. 101
DJV Frankfurt: S. 166

Lektorat: Joachim Hack

Druck: Ebner & Spiegel, Ulm

Printed in Germany

– Alle Rechte vorbehalten –

ISBN 978-3-89880-737-1

Inhalt

Vorwort

Warum dieses Buch vor 50 Jahren nicht geschrieben werden konnte

Deutschland und seine 50er Jahre: Sie verdichten sich im Rückblick zu den ewig gleichen schwarzweißen Bildern. Im Berner Wankdorf-Stadion schießt Rahn aus dem Hintergrund, und Toooor, Deutschland wird Weltmeister, immer wieder. Adenauer spielt Boccia, Erhard saugt an seiner Zigarre, Elvis geht in Bremerhaven von Bord. Russische Panzer fahren durch Berlin oder Budapest. Und garantiert steht irgendwo Rosemarie Nitribitt mit Pudel an ihrem schwarzen Mercedes 190 SL.

Rosemarie Nitribitt, das zierliche Mädchen aus Frankfurt: Die Hure, deren Namen noch immer jeder Deutsche kennt. Die legendärste Leiche der Bundesrepublik, Opfer des geheimnisvollsten aller ungeklärten Mordfälle. Sie hat es tatsächlich zum Superlativ ihrer Zeit gebracht, zur Romanheldin und zur Filmfigur, obwohl sich nach ihrem Tod kaum einer für ihr wirkliches Leben interessierte. „Das Mädchen selbst ist unwichtig genug", glaubte etwa Erich Kuby – der gleiche Publizist, der mit Rosemarie reich wurde. Den Mühen einer Recherche unterzog er sich nicht: Sein Roman „Das Mädchen Rosemarie" war ebenso frei erfunden wie sein Drehbuch zum gleichnamigen Film.

Diese Kälte, das Desinteresse, der herablassende Blick auf die Hauptfigur sind typisch für die bleiernen 50er. Und deshalb verständlich: Der Muff jener Jahre machte den Nitribitt-Mythos zum selbsterklärenden Phänomen. Wer sie wirklich gewesen ist, die Erwürgte in ihrem Neubau-Wohnzimmer, das musste die Kinder des Wirtschaftswunders tatsächlich nicht interessieren. Dass es sie und ihre Karriere geben konnte, war für die verklemmte Republik schon schockierend genug. Ein Buch über ihr Leben musste deshalb nicht auch noch sein.

Die Wahrheit, die damals unwesentlich war, ist anders als die Filme, der Roman und die vielen Boulevardstorys auf vergilbendem Papier. Rosemarie Nitribitt lebte nicht weit von der Gewöhnlichkeit ihrer Zeit entfernt. Sie kam aus kleinen Verhältnissen, sie wuchs in Heimen auf. Offensichtlich war sie nicht nur hübsch, sondern auch intelligent, was aber keiner der Chronisten festzuhalten wagte, weil sich doofe Dirnen besser verkaufen lassen. Sie geriet aus Verlegenheit an ihren Beruf und aus Bequemlichkeit nicht früh genug in eine bürgerliche Existenz. Sie träumte, wovon viele junge Mädchen der 50er träumten: von Mann und Kind und Eigenheim auf dem Land. Gleichzeitig schlief sie für Geld mit Herren der deutschen Hautevolee, verkehrte in so genannten ersten Kreisen. Aber glücklich war sie nicht. Erst heute lässt sich ziemlich sicher unterstellen, dass Rosemarie Nitribitt an einem Borderline-Syndrom litt, einer Persönlichkeitsstörung, die in den 50er Jahren noch nicht diagnostizierbar war.

Sie plante schon ihren Ausstieg aus dem Milieu. Wäre ihr das geglückt, wäre sie heute Mitte 70, hätte ihren Enkeln von früher vorgelogen und schon vor Jahren vom Ableben ihrer damaligen VIP-Freunde gelesen. Dass Rosemarie Nitribitt statt dessen deutsche Geschichte schrieb, ist einer Verkettung von Zufällen zu verdanken. Wahrscheinlich war Ende Oktober 1957 auch ihr Tod nur ein dummes Versehen.

Das macht ihre Geschichte nicht reizloser, im Gegenteil. Schon deshalb, weil sie alle Zutaten einer spannenden Story enthält: Sex, Geld,

Glamour – und einen Mord, dessen Aufklärung an amtlicher Schlamperei scheiterte. Dabei waren die Ermittler keineswegs untätig, wie ihnen später oft vorgeworfen wurde. Aber ihre Arbeit zeigt bis heute, wie überfordert sie mit ihrer Aufgabe waren. Fürchteten sie, sich mit allzu großem Ehrgeiz unbeliebt zu machen? Eine Vermutung, die hinter vorgehaltener Hand bis heute zu hören ist. Einige Bände der Ermittlungsakten sind womöglich aus gutem Grund nicht mehr auffindbar.

Auch dem Autor dieses Buchs gelingt es nicht, einen Mörder zu präsentieren. Aber längst spricht einiges dafür, dass der Täter unwichtig genug sein könnte. Heute reicht es, dass er sein Opfer auf spezielle Art unsterblich machte.

Hamburg, im August 2007
Christian Steiger

I. Ein Leben vor dem Tod

„Ein jegliches hat seine Zeit, und alles Vornehmen
unter dem Himmel hat seine Stunde.“
Prediger 2, 1

Die Kundin, die vor seinem Verkaufstresen auf der Frankfurter Zeil steht, beeindruckt ihn sehr, daran erinnert sich der Fotografenlehrling noch fast 50 Jahre später genau. Schlank ist sie, zierlich gewachsen, Mitte 20, elegant gekleidet. Pastellfarbenes Kostüm, großer Sommerhut. Massiver Goldschmuck, ein weißer Pudel an der Leine. Zwei Kleinbildfilme gibt sie zum Entwickeln ab, Schwarzweiß, ein Allerweltsauftrag.

Großlabors sind Mitte der 50er Jahre noch nicht verbreitet, nicht einmal in einer Wirtschaftswunder-Stadt wie Frankfurt. Deshalb vergisst der Fotografenlehrling auch den Anruf seines Kollegen im Keller nicht, der gerade die Fotos der Kundin entwickelt hat. Die Bilder zeigen die gleiche Frau, nur ohne Kleidung. Und ganz ohne jene vornehme Aura, die den jungen, brisk-frisierten Mann hinter seinem Verkaufstresen so gefesselt hat. Harte Pornobilder, sagt er viel später, 2002, und spricht sehr leise: So was habe er zuvor nicht gekannt.

Der Lehrling sieht sie nicht wieder, die junge Frau mit dem Pudel, und es dauert einige Monate, bis er sich an sie erinnert. An Allerheiligen, dem 1. November 1957, verlässt er mit seiner Freundin das Kino „Turm-Palast" in der Frankfurter Innenstadt. Sie wundern sich über die vielen Menschen auf der Straße. „Ein Herzschlag bis zur Ewigkeit" heißt der Film, den die beiden gesehen haben, jetzt stehen sie vor dem benachbarten Appartementhaus und hören, dass im vierten Stock die Leiche einer jungen Frau gefunden worden sei. Sie sehen kurz nach oben, wo hinter der breiten, vierflügeligen Fensterfront Licht brennt, irgendwann gehen sie, und am nächsten Morgen sieht der Fotografenlehrling das Foto der Toten in der Zeitung. Es ist die Kundin mit dem Pudel und den Porno-fotos.

Er hat die Geschichte in den darauffolgenden Jahren oft erzählt. Und trotzdem will er nicht, dass sein Name gedruckt wird. Aus dem Lehrling wurde ein erfolgreicher Manager in der Film- und Fotobranche. An Hotelbars und in Flughafenlounges macht sich eine persönliche Begegnung mit Rosemarie Nitribitt auch dann ganz gut, wenn sie nur fünf Minuten gedauert hat. Und mehr als 50 Jahre zurückliegt.

Der Fotolehrling von der Zeil gehört Anfang November 1957 zu den Wenigen, die erst von der Frankfurter Tagespresse aufgeklärt werden. Man kennt sie in der City schon, als sie noch lebt, die Blonde mit dem Pudel, vor allem aber mit dem schwarzen 190 SL, jenem Boulevard-Sportwagen, den Mercedes weniger für Sportfahrer als für besser gestellte Freunde des spektakulären Auftritts baut. „Die Nitribitt ist tot", hört ein Frankfurter Lokaljournalist am Abend des 1. November 1957 in seiner Redaktion. „Die wer?" fragt er zurück. „Na, die mit dem Mercedes". Da weiß er sofort Bescheid und geht hin, weil die Geschichte selbstverständlich der Aufmacher seines Lokalteils werden muss.

Die Nitribitt kommt nicht aus Frankfurt, aber sie gehört zum städtischen Alltag. Welcher Tätigkeit sie nachgeht, das wissen die Taxifahrer

Neu in der Stadt. Portraitfoto aus dem Nachlass von Rosemarie Nitribitt, wohl um 1953.

wie immer zuerst, und auch die Tageszeitungs-Redakteure sind früh informiert, weil die spektakuläre Blonde mittags manchmal in den gleichen Innenstadt-Kneipen isst wie sie. Dann schimpft sie übers Wetter, man redet Nichtigkeiten, und hinterher zwinkern sich die Schreiber zu.

Die Kellner nennen sie „Lizzie", für die Frankfurter Tankwarte ist sie die „Biene", beim Metzger in der Nähe ihrer Wohnung nur „die tolle Frau". Selbst Frankfurts Pennäler kennen sie genau: als eine Art Lichtgestalt, die sie heimlich beobachten und anhimmeln. „Unsere Eltern sagten uns: Erst machst Du Dein Abitur, dann guckst Du nach den Mädchen", sagt einer von ihnen, im Frankfurter Westend aufgewachsen. „Und gleichzeitig haben wir schon genau gewusst, dass sie die Nutte der oberen Zehntausend ist. Wir haben sie und ihre Freier sehr bewundert".

Hotel Frankfurter Hof, das erste Haus des Steigenberger-Konzerns. Hier sucht Rosemarie Nitribitt ihre Kunden – vor der Tür, weil sie offiziell Hausverbot hat. In Wirklichkeit schläft sie auch mit einem der Empfangsherren und ist der Telefonzentrale gut bekannt.

Wunderland bei Nacht. Frankfurt, Café Hauptwache, um 1956. Rosemarie Nitribitt ist hier häufiger Gast; ihre Wohnung liegt wenige Schritte entfernt. Die Gegend um die Hauptwache ist ein Schaufenster des Wirtschaftswunders: Hier löst Frankfurt seinen Anspruch ein, die wahre Hauptstadt der Bundesrepublik zu sein.

Es reicht in den Jahren 1956 und 1957 ja schon, täglich genau hinzusehen: Ein blondes Mädchen im teuren Auto, das jeden Abend die große Schleife durch die Frankfurter Innenstadt fährt, wenn möglich mit zurückgeklapptem Verdeck, nicht immer rücksichtsvoll, entweder zu langsam oder viel zu schnell. Zwischen Rathenauplatz, Kaiserstraße, Neuer Mainzer Straße, Friedensstraße und Hauptwache trödelt sie dann oder rast, flirtet dabei bessere Herren in großen Limousinen an, die ihr unauffällig folgen und bei Gelegenheit in den schwarzen 190 SL umsteigen dürfen.

Frankfurt schaut amüsiert zu, wie sie vor dem Haupteingang des vornehmen Steigenberger-Hotels „Frankfurter Hof" parkt und potenzielle Kunden mit der Lichthupe anblinzelt. Mitunter macht sie auch mit der vollen Lautstärke ihres Autoradios auf sich aufmerksam oder testet den Pannentrick: Dann wartet sie mit geöffneter SL-Haube und hilflosem Blick am Straßenrand auf Anschluss. Viele wissen darüber Bescheid, selbst ihre bürgerlichen Nachbarn im neu gebauten Appartementhaus Stiftstraße 36. Und fast jeder von ihnen lächelt die Blonde im SL als erregende kleine Begleiterscheinung des gelungenen Wiederaufbaus weg. Frankfurt ist eine liberale Stadt, zumindest wollen es die Bewohner jener Jahre gerne sein. Die Metropole am Main zählt nicht nur zu den deutschen Hauptstädten des Nachtlebens, sondern auch der homosexuellen Szene. Das reicht für einen wilden Ruf.

Für Rosemarie Nitribitt gehört die Frankfurter Freiheit zu den naheliegendsten aller möglichen Fluchtpunkte: Sie kommt zwar am 1. Febru-

Frankfurter Bahnhofsmilieu, Mitte der 50er Jahre. Kleine Gauner, Billigprostitution in Altbauhäusern. Hier beginnt Rosemarie Nitribitts Karriere als Tischdame, bis die Motorisierungswelle auch das Mädchen aus der Eifel weiterbringt. Führerschein und eigenes Auto ermöglichen ihr, das trübe Umfeld hinter sich zu lassen.

Rosemaries Baby. Der Stern am Kühler macht sie selbst zum Markenzeichen: Rosemarie Nitribitt und ihr schwarzer 190 SL mit dunkelroten Lederpolstern. Er trägt noch ein schwarzes Besatzungskennzeichen, H für Hessen, wie es erst 1958 ungültig wird. Ihr später wahrscheinlich meistgedrucktes Bild lässt Rosemarie Nitribitt im Frühjahr 1957 von einem Profifotografen in der Nähe des Frankfurter Messegeländes aufnehmen.

ar 1933 in Düsseldorf zur Welt, verbringt ihre Jugend aber in der Eifel und hat es als pubertierende Ausreißerin schon geografisch einfach, nach Frankfurt zu flüchten. „Frankfurt ist großartig", schreibt sie irgendwann zu Beginn der 50er Jahre an ihre Pflegeeltern nach Mendig.

Sie heißt nicht wirklich Rosemarie, sondern wird auf den Namen Maria Rosalie Auguste getauft. Ihre Mutter ist bei ihrer Geburt 18 Jahre alt, Rosemarie kommt unehelich zur Welt. Ihren Vater, einen Arbeiter aus Düsseldorf, hat sie wahrscheinlich nie gesehen. Später wird er Unterhaltszahlungen ablehnen, weil er – so teilt er dem zuständigen Vormundschaftsgericht mit – fünf eheliche Kinder zu ernähren hat.

Rosemarie ist die älteste von drei Töchtern, alle Kinder stammen von unterschiedlichen Vätern. Halbschwester Irmgard wird 1935 geboren, Lieselotte 1937, da hat das Düsseldorfer Jugendamt ihre Mutter bereits für schwachsinnig erklärt und ihre beiden jüngeren Töchter wegen Verwahrlosung in ein Kinderheim bei Aachen eingewiesen. Lieselotte wächst bei Pflegeeltern auf. Sie wird erst Jahrzehnte später erfahren, wer ihre älteste Schwester war, und den Schock nie richtig verwinden.

Es sind keine brauchbaren Quellen überliefert, die Aufschluss über Rosemarie Nitribitts erste Lebensjahre geben. Von ihr selbst sind so gut wie keine Äußerungen über ihre Kindheit bekannt. Fest steht aber, dass ihre Mutter zwar einfach strukturiert ist, aber keineswegs schwachsinnig: Sie heiratet nach dem Krieg einen jüngeren Mann, der als Maurer bei den Düsseldorfer Stadtwerken tätig ist. Sie führt mit ihm ein unauffälliges Leben der unteren Mittelschicht, sie arbeitet in einem größeren Industriebetrieb in Düsseldorf-Derendorf, und nach dem Tod ihrer Tochter ist sie durchaus in der Lage, anwaltschaftlich um den schnellen Antritt des Erbes zu kämpfen. Ihre polizeilichen Aussagen sind protokollarisch erhalten und gleichfalls nicht geeignet, das Bild einer Schwachsinnigen aufrecht zu erhalten.

Im Dezember 1938 werden Rosemarie und ihre Halbschwester Irmgard in ein Düsseldorfer Kinderheim gebracht; zu ihrer Mutter kehren sie allerdings nicht zurück. Statt dessen wird Rosemarie im Frühjahr 1939, unmittelbar vor ihrer Einschulung, der Obhut einer Pflegefamilie in der Eifel-Kleinstadt Niedermendig überstellt: Der Ort liegt zwischen Koblenz und Köln, hat etwa 3000 Einwohner, von denen die meisten katholisch und nicht vermögend sind. Landwirtschaft, Steinbrüche, Brauereien, das nah gelegene Kloster Maria Laach und ein Militärflughafen sind die wichtigsten Arbeitgeber der Region.

Das schmale Haus, in dem sie lebt, liegt in der Alten Kirchhofstraße 474; es ist eines der ortstypischen Taglöhnerhäuser aus grauschwarzem

Deutschland baut auf. Um den Eschenheimer Turm pulsiert Mitte der 50er Jahre das Leben des modernen Frankfurt. Die Adresse garantiert jene Anonymität, die Rosemarie Nitribitt und ihre Besucher schätzen. Auf dem Foto, einem Postkartenmotiv von 1956, ist ihr Schlafzimmerfenster (Pfeil) zu sehen.

Basaltstein. Zu erkennen ist das allerdings nur bis zu einer Renovierung in den 60er Jahren, die den Ursprungszustand mit zeittypischer Radikalität bis hin zu pastellbunten Schmuckfenstern verändert. Hier wohnt 1938 der 69-jährige Nikolaus Elsen, von Beruf Flurschütze, mit seiner 20 Jahre jüngeren Ehefrau Anna Maria, die er erst 1935 geheiratet hat. Anna Maria war Witwe, sie hat einen erwachsenen Sohn aus erster Ehe, der im Frühjahr 1945 in Russland fallen wird. Das Haus der Elsens wird Rosemarie Nitribitt nach dem Tod des Ehepaars, Mitte der 50er Jahre, versuchen zu kaufen. Sie kann bei aller Verbundenheit nicht rechtzeitig die erforderlichen Barmittel aufbringen.

Die Elsens sind offensichtlich arm, aber fürsorglich. Wahrscheinlich spürt Rosemarie Nitribitt hier zum ersten Mal in ihrem Leben eine Form von familiärer Zuneigung und Zugehörigkeit. Die Fürsorgeakte des Mayener Landgerichts hält unter dem Datum des 7. August 1947 fest, dass das Pflegekind der Elsens seit seiner Ankunft in Niedermendig ein eigenes kleines Zimmer bewohne, was in den einfachen Verhältnissen des Landstrichs als löbliche Besonderheit gilt.

Es scheint anfangs gut zu laufen für das kleine Mädchen aus Düsseldorf. Immer etwas blass, aber hübsch und aufgeweckt sei die Kleine gewesen, berichten Zeitzeugen, auch sei es ihr gelungen, sich in die gewachsene Dorfgemeinschaft einzufügen und Freundschaften zu schließen. Durch Schlagfertigkeit fällt sie auf, aber auch durch ihren Unwillen, sich unterzuordnen. Als der Pfarrer sie während des Kommunionsunterrichts durch Ohrfeigen zur Raison bringen will, versucht sie zurückzuschlagen – mitten in der Niedermendiger Kirche Sankt Cyriakus. Dennoch geht sie dort im April 1942 zur Kommunion. Im gleichen Jahr – so berichtet die 1947 angelegte Fürsorgeakte – sitzt ihre Mutter im Düsseldorfer Frauengefängnis ein. Das Delikt kennt das Jugendamt in der Rückschau ebenso wenig wie die letzte Meldeadresse von Rosemaries Mutter.

Was das Jugendamt ebenfalls nicht weiß: Im Alter von 11 Jahren fällt Rosemarie in der Nähe ihres Elternhauses einer Vergewaltigung zum Opfer. Der Täter ist damals 18 Jahre alt, wird kurz darauf Soldat und kehrt nach dem Krieg in seinen Heimatort zurück, wo die Tat niemals amtsbekannt wird. Schweigen und Vergessen zählen zu den Gesetzen der Provinz, wobei sich der Täter offenbar nach dem Tod Rosemarie Nitribitts rehabilitiert fühlt. Seinen Namen mag die Dorfgemeinschaft nicht preisgeben, anscheinend lebt er als angesehenes Mitglied der Gemeinde bis heute in Niedermendig. Nach ihrem Tod ist dieses Kapitel ihres Lebens keinem der vielen deutschen Berichterstatter ein Wort wert: Nur einige amerikanische Blätter erwähnen den Übergriff, der den Frankfurter Ermittlern durchaus bekannt geworden ist. Die elfjährige Rosemarie fehlt nach dem Vorfall einige Tage in der Schule, sie ist körperlich offenbar unverletzt. Das Jugendamt beim Landrat Mayen wird davon später nichts wissen und feststellen, dass sich „die tadellose Führung des Mädchens mit dem Eintreffen der Besatzungstruppen abrupt verändert" habe.

Bis heute bewahrt das Amtsgericht Mayen die Akte N XII 194 auf. Die Schriftensammlung lautet auf den Namen Rosemarie Nittribitt, ein durchgängiger Schreibfehler, der sich bis in die gegenwärtige Korrespondenz fortsetzt. Die Unterlagen sind in einem abgegriffenen graugrünen Kartonordner abgeheftet, der anscheinend häufig verschickt, herumgereicht und studiert wurde. „Weggelegt: 1953, aufzubewahren bis 1983", ist auf dem Deckblatt vermerkt. Mit dickem Filzstift ist später die letzte Jahreszahl gestrichen und gegen das Wort „Dauernd" ersetzt worden. Mit Hilfe der Akte N XII 194 lässt sich Rosemarie Nitribitts Leben der Jahre 1946 bis 1953 fast lückenlos nachverfolgen.

Sie ist 13 Jahre alt, als Nachbarn in Niedermendig ihre Freundschaft zu zwei älteren Prostituierten auffällt. Käuflicher Sex ist kurz nach Kriegsende eine einträgliche Geschäftsidee: Der Militärflugplatz liegt in direkter Nachbarschaft – und offensichtlich ist es für die französischen Besatzer kein disziplinarisches Vergehen, wenn die Soldaten in ihren Baracken nächtlichen Damenbesuch empfangen. Die Franzosen gelten als charmant und freigiebig, die Grenze vom Abenteuer zur nachweislichen Prostitution ist auch für Behörden jener Zeit schwer auszumachen. Ein halbes Kind, das über Nacht bei seinen Freunden vom Flugplatz bleibt, das Nylons und Parfüm mit nach Hause bringt und nur ausnahmsweise zum Schulbesuch erscheint, fällt in einem katholischen 3000-Einwohner-Dorf jedoch schnell auf. Speziell dann, wenn sich das Mädchen vor Mitschülerinnen damit brüstet, täglich in einem anderen Soldatenbett zu liegen.

Ob das stimmt oder nur die Angeberei einer Pubertierenden in wilden Zeiten ist, lässt sich nicht belegen: Rosemarie besteht bei amtlichen

Befragungen darauf, nur einen einzigen französischen Freund zu haben, mit dem sie mehrfach geschlafen haben will. Aber sie verteidigt ihre Freiheit mit Mitteln, die zum sofortigen Handeln zwingen: Nachts steigt sie aus dem Fenster ihres Zimmers, ihren Pflegeeltern droht sie mit Maßnahmen der uniformierten Freunde vom Flugplatz. Wohl Anfang 1947, sie ist gerade 14 geworden, lässt sie eine Abtreibung vornehmen, die fast tödlich endet.

Ihre Pflegeeltern stehen dem Absturz ebenso hilflos gegenüber wie die Lehrerin. Der Dorfpfarrer ist in der ländlichen Eifel die nächsthöhere Instanz: Er wendet sich im Mai 1947 mit der Bitte um Fürsorgeerziehung an das Kreisjugendamt Mayen. Welcher tausendjährige Mief noch durch die Provinz zieht, beweist die Anmerkung des Geistlichen, das Kind sei durch die uneheliche Mutter „erblich sehr belastet". Rosemarie, so schreibt er, sei „sittlich höchst gefährdet, wenn nicht schon weitgehend verdorben". Sie berichte öffentlich von Erlebnissen geschlechtlicher Art und sei daher eine Gefahr für die anderen Schulkinder.

Das reicht für eine Rückkehr ins Heim, zumal das Jugendamt in seiner Beurteilung auch an „Anzeichen von Schwachsinn" glaubt – sie äußern sich nach damaliger Auffassung schon darin, dass sich das Problemkind „frech und herausfordernd gegenüber ihren Pflegeeltern und Lehrpersonen" benehme. Am 22. August 1947 verfügt das Amtsgericht Mayen daher die vorläufige Fürsorgeerziehung. Das Mädchen, so berichtet die Akte, müsse unverzüglich einer strengen Arbeitszucht unterworfen werden. Das ist in jener Zeit wörtlich zu nehmen, körperliche Züchtigung inbegriffen.

Am Tag zuvor taucht Rosemarie ab – zum ersten Mal nach Frankfurt, dorthin, wo „Mädchen, deren Kindheit noch behütet war, jetzt

Kurze Glückssträhne. Rosemarie Nitribitt ist 17, arbeitet in einem Andernacher Café, verdient erstes Geld und posiert im Sonntagskostüm. So stellt sie sich das wirkliche Leben vor. Kurze Zeit später kehrt sie ins Heim zurück.

kalte, freche Augen haben", wie der Journalist Richard Kirn festhält. Die 14-Jährige wird von der Polizei aufgegriffen und in den nächsten Zug Richtung Eifel gesetzt. Dort reißt sie sofort wieder aus, kommt ein zweites Mal bis Frankfurt und zurück und landet schließlich in einem Heim am Niederrhein, wo sie nur vier Tage bleibt. Aufgrund schwerer sittlicher Verwahrlosung sei sie nicht tragbar, teilt die dortige Leitung mit.

Nächste Station: das Marienheim Hagen-Haspe in Westfalen, geführt von dem Nonnenorden „Die armen Dienstmägde Jesu Christi". Der schwört auf strenge katholische Erziehung, hauswirtschaftliche Grundausbildung, Arbeit in der Waschküche – und gründliche Bewachung: Als Rosemarie wenige Tage nach ihrer Ankunft in Hagen erneut flüchtet und sich bei Passanten Fahrgeld zu erbetteln versucht, wartet eine ihrer Erzieherinnen bereits am Bahnhof auf sie.

„Willensschwach" sei sie, notiert Oberin Maria Georgiana über das „normal entwickelte Mädchen mit hellblonden Haaren und blasser Gesichtsfarbe". Eine Fehleinschätzung, wie die kommenden Jahre zeigen: Widerstand scheint zwecklos, dennoch ist er fortan die einzige verlässliche Größe im Leben der jungen Rosemarie.

Im Februar 1948 wird die vorläufige Heimunterbringung in eine endgültige umgewandelt, der zuständige Amtsrichter in Hagen hat Rosemarie ein einziges Mal, kurz vor seiner Entscheidung, gesehen und befragt. Im Mai 1948 flüchtet sie erneut – und bringt es, wie die Akte berichtet, mit einer Heimkameradin immerhin zu längeren, „abenteuerlichen Streifzügen" durch die Gegend zwischen Bonn und Frankfurt. Es folgt eine ruhigere Phase, offensichtlich hat Rosemarie ihre Strategie gewechselt: Sie klagt häufig über Heimweh und gibt an, sich nach ihrer Pflegemutter zu sehnen.

Tatsächlich kehrt sie im März 1950, offiziell vom Heim beurlaubt, in die Eifel zurück. Ab April arbeitet sie als eines von drei Hausmädchen bei einer Familie, die in Andernach ein Café betreibt. Sie hilft dort im Haushalt, in der Küche und aushilfsweise beim Bedienen, löst nach einem halben Jahr aber das Arbeitsverhältnis. Laut eines Schreibens des Kreisjugendamts Mayen gebe es „keinen Anlass zu Klagen", man sei mit ihren Leistungen zufrieden. Das Mädchen führe sich allgemein gut. Zweimal wechselt sie ihre Stellung, arbeitet als Hausmädchen in Geschäftshaushalten – und ist Anfang Februar 1951 wieder nach Frankfurt verschwunden. „Dort rollt doch der Rubel", sagt sie zu einer ihrer Chefinnen. „Ich will kein Putzmädchen sein". Jahre später wird sie die Familie besuchen und im offenen Mercedes vorfahren.

In der Nacht zum 2. Februar – Rosemarie ist am Tag zuvor 18 Jahre alt geworden – läuft sie am Frankfurter Hauptbahnhof der Polizei in die Arme. Die findet heraus, dass sie die Nacht in einer „fragwürdigen Absteigewohnung in Mörfelden" verbracht hat und schafft sie ins Monikaheim in der Kriegstraße, einer Einrichtung für gefährdete Mädchen, die mit ihrer geschlossenen Abteilung auch auf schwierige Fälle vorbereitet ist. Aber auch hier glückt ihr nach sechs Tagen die Flucht: Als sie nach einer Woche erneut aufgegriffen wird, hat sie 20 US-Dollar dabei, damals der Gegenwert von 80 D-Mark – in etwa der Brutto-Wochenlohn eines Industriearbeiters. „Es gibt kein Heim, aus dem ich nicht rauskomme", sagt Rosemarie ihrer Fürsorgerin in Mayen. Das Marienheim in Hagen-Haspe, wohin sie zurückkehren soll, winkt auf Anfrage der Behörde resigniert ab – stichhaltigstes Argument: „Hier sind nur Schulkinder". Ein beinahe drei Jahre dauernder Machtkampf beginnt.

Immer noch Februar 1951: Rosemarie Nitribitt wird mehrfach in Frankfurt festgenommen, ins Monikaheim gebracht und dort wieder vermisst gemeldet. Mehrere Heime trauen sich ihre Disziplinierung nicht zu, schließlich wird sie zur Einzelhaft ins Kloster „Zum guten Hirten" nach Trier überstellt. Zitat: „Sie trotzt und tobt, sodass Vorliegen einer Geisteskrankheit vermutet wird". Die Einweisung in die Landesnervenklinik Andernach ist bereits beschlossen und wird vom Koblenzer Lan-

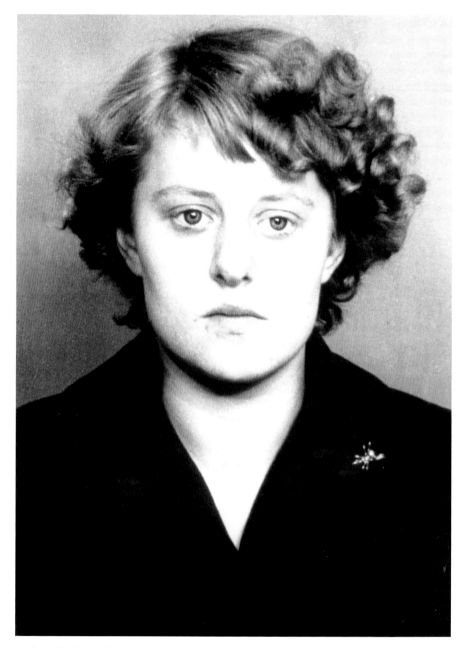

Auf der Flucht. Polizeifotos der 18-jährigen Rosemarie Nitribitt. Für das Sittendezernat des Frankfurter Polizeipräsidiums ist das renitente Heimkind aus der Eifel bald eine gewohnte Milieu-Erscheinung.

desjugendamt befürwortet – nur: Rosemarie ist wieder flüchtig, landet diesmal in Düsseldorf, wo sie bei ihrer leiblichen Mutter unterkommt, als Mannequin Unterwäsche vorführt und sich auf der Kö die erste Dauerwelle ihres Lebens legen lässt. Diese Flucht endet in Kölner Polizeigewahrsam – und zum ersten Mal hat sie mit ihrer Taktik der strikten Verweigerung Erfolg: Der renitente Fürsorgezögling soll auf Initiative der zuständigen Fürsorgerin nicht mehr in die Nervenklinik, sondern als Haushaltshilfe bei den Besitzern einer Hühnerfarm in Mayen arbeiten.

März 1951: Als Rosemarie Nitribitt mit ihrer Betreuerin zum Antrittsgespräch erscheint, trägt sie einen eleganten schwarzen Rock und eine neue lilafarbene Taftbluse, woraufhin sie der Hausherr für die Dame vom Jugendamt hält. Doch nach wenigen Tagen gerät Rosemarie Nitribitt mit ihren Arbeitgebern aneinander. Sie beklagt die „schwere Stelle" und „komischen Menschen"; die wiederum stöhnen darüber, dass ihre Perle „nichts anderes als Schminken und Aufputzen im Sinn" habe.

An freien Abenden geht sie im Dunstkreis eines in der Nähe liegenden Ausflugslokals der Gelegenheitsprostitution nach, hat gleichzeitig aber auch einen festen Freund namens Peter, den sie unbedingt heiraten will. Als sie schwanger wird (oder eine Schwangerschaft vorgibt), flüchtet Peter zur Fremdenlegion. Schwangerschaft als Erpressungsinstrument wird in ihrem späteren Leben noch eine Rolle spielen, womöglich eine tragische – es ist eine Eigenart und Erwerbsquelle, der die polizeilichen Ermittler nach ihrem gewaltsamen Tod keine große Aufmerksamkeit widmen.

Mai 1951: Rosemarie Nitribitt ist wieder abgängig, wie es im Amtsdeutsch der frühen 50er heißt. Sie taucht in Frankfurt auf, türmt erneut aus dem Monikaheim, sitzt wegen Landstreicherei drei Wochen lang im Frauengefängnis Preungesheim, soll nach Koblenz zurück überführt werden und verschwindet auf dem Weg zum Bahnhof. Mittlerweile hat sie Routine und bleibt bis zum April 1952 weg: Offenbar um Verwirrung zu stiften, meldet sie sich polizeilich in einer Koblenzer Pension an, teilt dem Landeswohlfahrts- und Arbeitsamt aber schriftlich mit, als Bardame in einem Wiesbadener US-Nachtclub zu arbeiten. Beides stimmt nicht, sie hat bereits eine erste feste Arbeitstelle als Tischdame in einem Lokal des Frankfurter Bahnhofsviertels. Gleichzeitig droht sie in einem Schreiben nach Mayen an, sich an keinerlei Erziehungsmaßnahmen mehr zu halten – nur: Das wilde Mädchen aus der Eifel ist gerade erst 19 und nach damaligem Recht noch zwei Jahre von der Volljährigkeit entfernt. Das Hase-und-Igel-Spiel geht weiter, wobei die zuständigen Behörden in zunehmend resignierendem Ton korrespondieren. Der Name Nitribitt, so viel verrät der Schriftwechsel, wird in Mayen offenbar entweder schreiend oder flüsternd genannt.

April 1952, wieder in Frankfurt: Die Polizei behandelt sie längst als Bekannte, nur wundert sie sich dieses Mal über den Reichtum des Fräulein Nitribitt: 1000 Mark hat sie in bar dabei, weitere 1000 Mark auf einem Postsparbuch. Und überhaupt, so sagt sie, sei sie mit einem Schweizer verlobt, der „mit Geld handele" und für ihren Unterhalt aufkomme. Hinter den Kulissen versucht das Mayener Jugendamt, ein Heim zu finden, das sich überhaupt noch zur Aufnahme des Problemkinds bereit findet – „wenn auch", wie Kreisinspektor Bongartz nachsetzt, „die Aussichten für einen Erfolg gering sind" und Rosemarie Nitribitt im Grunde „für kein Heim tragbar" sei. Das darf für die bleierne Zeit der 50er von Amts wegen als außergewöhnliche Kapitulation gelten.

Eine Erziehungseinrichtung kommt jedoch noch in Frage: Am 16. April 1952 wird die Aufsässige in die Arbeitsanstalt Brauweiler, Frauenhaus Freimersdorf, Abteilung für jüngere Mädchen, bei Pulheim im Rheinland eingewiesen, eines der rigorosesten Erziehungs- und Verwahrungsheime, die Aufbau-Deutschland zu bieten hat. Die gefängnisartige Anlage innerhalb eines mittelalterlichen Abteikomplexes wird später zur psychiatrischen Landesanstalt umgewidmet und erst 1978 wegen skandalöser Zustände – das heißt: drakonischer Strafen und menschenunwürdiger Unterbringung der Patienten – geschlossen. Unter Napoleon war die Abtei Brauweiler zum Pferdestall geworden, seit 1811 hatte sie als Bettlerasyl gedient, in dem vorzugsweise „Müßiggänger und Verarmte" eingewiesen wurden. Im „Dritten Reich" wurden Teile des Gebäudekomplexes als Gestapo-Gefängnis genutzt, in dem zeitweise auch Konrad Adenauer und seine Ehefrau einsaßen. Zu Beginn der fünfziger Jahre erhalten die Insassen der Arbeitsanstalt einen täglichen Arbeitslohn von 35 Pfennigen. Der Stundenlohn eines Industriearbeiters, etwa am Fließband bei Ford im nahen Köln, liegt bei rund zwei D-Mark.

Rosemarie Nitribitt klebt erst Tüten, arbeitet dann in der Weberei, macht – so eine Beurteilung vom September 1952 – „keine Schwierigkeiten", entwickle aber auch keinerlei Initiative. Bequem sei sie und ungeschickt, vor allem aber schroff und ablehnend gegenüber den Mitinsassinnen. „Ein kleiner Erziehungserfolg" sei zu verzeichnen, lobt sich die Pulheimer Heimleitung, womit die Fürsorgeakte der Rosemarie Nitribitt endet. Denn im April 1953 wird sie aus Brauweiler entlassen und wechselt kurz darauf in ein Koblenzer Heim, aus dem sie prompt wieder flüchtet. Es ist August 1953, keine sechs Monate später wird das renitente Mädchen volljährig sein. Am 14. hebt das Amtsgericht Mayen die angeordnete Fürsorgeerziehung auf und deponiert ihre Akte im Archiv. Rosemarie Nitribitt fährt nach Frankfurt, zum ersten Mal völlig legal. Kurz darauf erklären sie die Behörden in ihrer rheinland-pfälzischen Heimat vorzeitig für volljährig. Sie hat den Bescheid, wie sie ihrer Frankfurter Vermieterin erklären wird, offensichtlich mit Hilfe eines Frankfurter Rechtsanwalts durchgesetzt und einen größeren Teil ihrer Ersparnisse dafür aufgewendet.

Erster Wohnsitz. Im Herbst 1953 zieht Rosemarie Nitribitt in die Eschersheimer Landstraße 11. Für ihr Zimmer bezahlt sie 120 Mark im Monat. Ihre Vermieterin wird sich später erinnern, dass das junge Mädchen aus der Eifel nicht einmal Unterwäsche besaß. Das Haus steht noch heute (Foto: 2006).

Ab diesem Zeitpunkt wird später die Frankfurter Kriminalpolizei versuchen, ihren Weg zu rekonstruieren, und dabei nur teilweise erfolgreich sein. Ein Datum aber zeigt, wie entschlossen sich das angeblich willensschwache Pflegekind aus Niedermendig seinem Ziel vom angenehmen Leben nähert: Am 13. November 1953, keine drei Monate nach ihrer Entlassung aus der Arbeitsanstalt, lässt sich Rosemarie Nitribitt in der Spielbank Bad Homburg registrieren, wo Damen ohne Herrenbegleitung in jenen Jahren noch keinen Zutritt haben. Ein 50-jähriger Unternehmer aus Marktheidenfeld, so ergeben später die Ermittlungen der Kriminalpolizei, führt Rosemarie in die Gepflogenheiten des Casinos ein. Die Spielbank wird später mit Nachdruck um das Stillschweigen der Beamten bitten, sie fürchtet um das Vertrauen ihres Stammpublikums.

Ob sie von Anfang an ausschließlich als Prostituierte arbeitet, lässt sich schwer rekonstruieren. Ihre Mutter sei dieser Tätigkeit nachgegangen, berichtet sie ihrer ersten Vermieterin im Frankfurter Stadtzentrum, bei der Rosemarie Nitribitt im Herbst 1953 für stolze 120 Mark Monatsmiete ein Altbau-Zimmer mit Bad bezieht. Sie berichtet von „sehr trüben Verhältnissen" und jobbt zumindest für kurze Zeit als Mannequin, ein Beruf, den sie mehrfach zu ergreifen versucht: Zumindest schriftliche Bewerbungen sind dokumentiert, bei denen ihr schlechtes Deutsch abschreckend wirkt. Und Mitte 1955 nimmt sie an einem Mannequinkurs teil, obwohl sie zu diesem Zeitpunkt schon eindeutig von ihren Einnahmen als Dirne lebt. 1954 und 1955 lässt sie Modefotos von sich machen, die sie nach eigenen Angaben „für Mannequinzwecke" benötigt.

Ende 1953 arbeitet Rosemarie Nitribitt als Tischdame in Lokalen des Bahnhofsviertels, die Namen wie „Künstlerklause", „Kantorowicz-Stuben" oder „Kabarett Rheinland" tragen und, sofern sich das über 50 Jahre später beurteilen lässt, auch ebenso trübe aussehen. Häufig verkehrt sie auch im „Café Express", wo sie sich angeblich zum ersten Mal von Freiern ansprechen lässt. Gut möglich: Denn das „Express" in der Kaiser-

straße 63 gilt in den 50ern als Abschlepp-Schuppen mit hoher Treffer-
quote, der außerdem mit „warmen und kalten Speisen zu jeder Tages-
und Nachtzeit" wirbt und sich großspurig als „Restaurant, Kabarett und
Tanzpavillon" empfiehlt. In Wirklichkeit handelt es sich um ein zweistö-
ckiges 24-Stunden-Etablissement mit Konzession für Branntwein-Aus-
schank und Dirnenverkehr, dessen stadtbekannt herber Ruf bis in die
Tage des Ersten Weltkriegs zurückreicht. Die Frankfurter Polizei beklagt
in erhalten gebliebenen Konzessionsakten der frühen Nachkriegsjahre,
dass Straßenmädchen auf der Flucht vor Sittenstreifen häufig im
„Express" untertauchen. Das bestätigt ein Frankfurt-Reiseführer noch in
den späten 50ern: „Die Mädchen, planvoll und geduldig an den Tischen
verteilt, sind erprobt und verstehen ihr Handwerk. Damit sind sie fach-
gerecht zu handhaben", hält er fest. Nach fast 50 Jahren wird das
„Express" in den 60er Jahren geschlossen und abgerissen. An seiner Stelle
entsteht ein Bürohaus.

Auf ihre Vermieterin macht Rosemarie Nitribitt kurz nach ihrer
Ankunft in Frankfurt noch den Eindruck des „armen Mädchens", dessen
Garderobe aus vier Abendkleidern besteht, das keinerlei Unterwäsche
besitzt, Speisereste vom Vortag schnorrt und gerne von ihrem Lebens-
traum erzählt, „einer Wohnung mit echten Sachen, Teppichen und wert-
vollen Möbeln". Vorerst wechselt sie bald in ein anderes Zimmer der
Wohnung in der Eschersheimer Landstraße 11, diesmal ohne Badbenut-
zung, um 20 Mark monatliche Miete zu sparen. Sparen, so scheint es, ist
ihre Leidenschaft, auch wenn sich die Neu-Frankfurterin keine schlechte
Adresse leistet. Das schmale Gründerzeit-Mietshaus, in dem sie lebt, liegt
nur zwei Gehminuten vom Eschenheimer Turm entfernt und hat den
Bombenkrieg auf Frankfurt ohne ernste Beschädigungen überstanden.
Die junge Halbwelt-Karrieristin hält Abstand zur Bahnhofsgegend.

Sie hat, die Aussage ist zumindest halbwegs glaubhaft, keinen nächtlichen Herrenbesuch, aber schon im Jahr 1953 die Mittel, dem Milieu

davonzufahren: einen Führerschein und ein Auto, einen gebraucht gekauften Ford Taunus 12 M. Der gilt als typisches Fortbewegungsmittel für mittelständische Unternehmer und Angehörige freier Berufe, für Menschen also, die es nach damaliger Auffassung zu etwas gebracht haben. Rosemarie Nitribitt erweckt den Eindruck, dazu zu gehören, hat in Wirklichkeit aber dringenden Bedarf, sich und ihr Gewerbe beweglicher zu machen: Ihre Jobs als Tischdame verliert sie bereits zur Jahreswende 1953/54. Einmal, weil es zu ihren Spezialitäten gehört, alkoholisierten US-Soldaten den dreifachen Preis für servierte Spirituosen aus den Taschen zu ziehen, womit sie den Pächter des Etablissements in Bedrängnis bringt. Vor allem aber, weil es sie nicht lange genug an den Tischen hält: „Sie entfernte sich (...) rasch, um der gewerblichen Unzucht nachzugehen", gibt ein Bekannter aus alten Tagen nach ihrem Tod bei der Kriminalpolizei zu Protokoll.

Das Geld für ihren Autokauf ist dagegen kein Problem: Die 20-jährige Fahranfängerin schafft einen jungen Gebrauchten an, bezahlt ihn jedoch bar. Mit einem Sparkassenbuch, auf dem sie über 10.000 Mark deponiert hat, gibt Rosemarie Nitribitt bereits Ende 1953 vor Bekannten an. Gleichzeitig behauptet sie, als Tischdame über 4000 Mark im Monat verdient zu haben. Und zumindest zeitweise wird Rosemarie Nitribitt bis zum Frühjahr 1955 von einem älteren Gönner unterstützt, der sie – das zeigen erhalten gebliebene Briefe – anscheinend wirklich liebt.

Der türkische Unternehmer Mozes Natus, der 1894 in Telgovu geboren wurde und sich Michel Natous nennt, hat Rosemarie Nitribitt offensichtlich im Spätsommer 1954 während eines Italienurlaubs kennen gelernt. Der polyglotte Typ, der im amerikanischen Straßenkreuzer an die

Frankfurt, Stiftstraße 36. Das prominenteste Appartement der Stadt trägt die Nummer 41 und liegt oben links. Das Foto stammt aus den 80ern: Die Werbung eines Detektivs auf der Fassade habe, wie der auf Anfrage mitteilte, nichts mit der Bekanntheit des Hauses zu tun.

Riviera gereist ist, der fließend Deutsch und Englisch spricht, lässt den Kontakt nach Frankfurt in der Folge nicht mehr abreißen. Er telefoniert regelmäßig mit seiner 40 Jahre jüngeren Geliebten, schreibt ihr Briefe, schickt kluge Lebensratschläge, angeblich auch einen Verlobungsring – und Geld.

Seine Post („Ich werde mein Bestes tun, um Dir die helle Seite des Lebens zu zeigen") bewahrt sie auf, von der Freigiebigkeit des türkischen Geschäftsmanns werden später Zeugen den ermittelnden Kriminalbeamten erzählen: Als Rosemarie Nitribitt im Dezember 1954 ihren schwarzen Ford Taunus zu Schrott fährt, schickt Natus per internationaler Postanweisung die Barmittel für einen standesgemäßen Neuwagen. In den Räumen eines Frankfurter Opel-Händlers stimmt sie mit Natus per Ferngespräch nach Istanbul die Ausstattungsdetails ab.

Sie bestellt einen schwarzen Opel Kapitän. Der repräsentative Sechszylinder ist rund 10.000 D-Mark teuer und im Besitz einer 21-jährigen Blondine eine Sensation: Rosemarie Nitribitt dokumentiert ihren Weg ins Establishment mit einer stockkonservativen Manager-Limousine, die im Deutschland der Aufbau-Epoche gerne als Chauffeurwagen eingesetzt wird.

Die Nitribitt und ihr Faible für Luxus-Automobile: Das ist nach ihrem Tod einer der Hauptaufreger für Presse und Volksmund, auch deshalb, weil halb Deutschland nach einem eigenen Auto strebt, sich aber nur Besserverdiener eines leisten können. Chefärzte fahren noch Volkswagen, aber eine Nutte gabelt ihre Freier erst im Sechszylinder und dann im Sportwagen mit Stern am Kühler auf: Das ist neu für die Normalverbraucher jener Jahre, deutlich skandalöser und abgehobener als Rosemarie Nitribitts Neubau-Appartement in bester Citylage. Der Opel Kapitän wird es zuerst sein, der sie zum Markenprodukt des Frankfurter Nachtlebens macht. Wie sie wirklich heißt, spielt keine Rolle; für Insider ist sie künftig nur die „Käpt'n-Lady", die nicht mehr in der Künstlerklause verkehrt, sondern in besseren Kreisen. Das Mädchen aus Mendig wird Frankfurter Nachtgespräch.

Sie legt sich ein Pseudonym zu, nennt sich Rebecca – offenbar hat sie den gleichnamigen Hitchcock-Film gesehen – und mit Nachnamen manchmal auch Rosenbaum. Aber abseits des verchromten Opel-Kühlergesichts fehlt er noch, der letzte Glanz. Sie wohnt nach wie vor zur Untermiete, aber immerhin ist die Gegend eine bessere: Anfang 1954 hat Rosemarie ein Zimmer in der Feuerbachstraße 30 gemietet. Es ist eine gepflegte kleinere Wohnstraße im Westend, die auf den längeren Kettenhofweg mündet; das Haus mit der Nummer 30 fügt sich als sachlicher, dreistöckiger Bau aus den 30er Jahren in das arrivierte Umfeld ein. Sie wählt erneut die besitzbürgerliche Wohnlage: Ihre Vermieterin ist Mitte 60 und Teilhaberin eines Kaffeegeschäfts (dennoch schläft sie in ihrer Wohnküche, weil sie alle Zimmer ihrer Wohnung vermietet hat), in ihrer Nachbarschaft leben unter anderem Direktoren, ein Fabrikant, Ärzte und Unternehmer. Zu den anderen Untermietern gehört ab April 1955 ein junger US-Amerikaner namens Bill Ramsey: Der hat während seiner Militärzeit als Chefproduzent beim Soldatensender AFN gearbeitet, studiert nun an der Goethe-Universität und macht später Karriere als Schlagersänger („Souvenirs, Souvenirs"), Schauspieler und Jazzmusiker. Noch heute bestätigt er, dass anfangs keiner der Mitbewohner vom Gewerbe der Rosi gewusst habe. Sie sei freundlich, aber reizbar gewesen, habe mitunter stundenlang Bad und Telefon blockiert und auf ausdrückliche Bitte das Flaschenbier und die Salami ersetzt, die sie sich nachts ohne zu fragen aus dem Kühlschrank genommen habe.

Auch hier ist ihr Herrenbesuch verboten, so sind die Zeiten. Offenbar hält sie sich daran und erzählt von ihrer Verlobung mit einem reichen Unternehmer im Ausland. Das mag nicht einmal gelogen sein, allerdings ist Mozes Natus in Istanbul verheiratet und Vater eines erwachsenen Sohnes. Vor allem aber ist die Verbindung nicht von langer Dauer, und sie endet auf tragische Weise.

Mitte März 1955 reist Rosemarie Nitribitt in ihrem Opel Kapitän nach San Remo, wo sie Natus im Hotel Savoia trifft. Eine Woche leben sie, so gibt die Hotelleitung später zu Protokoll, „wie ein Ehepaar zusammen". Doch am 22. März 1955 erliegt Mozes Natus in seinem Hotelzimmer einem Herzschlag. Rosemarie Nitribitt reist zurück nach Frankfurt, wo sie offenbar in tiefe Depression verfällt. Sie versucht noch auf schriftlichem Wege, den Verbleib der Leiche zu klären; womöglich plant sie, an der Beerdigung ihres Liebhabers teilzunehmen. Als einzige Antwort erhält sie eine dreizeilige Mitteilung des Hotels, Natus´ Leichnam sei nach Mailand überführt worden.

Danach, ab dem Frühjahr 1955, bestreitet Rosemarie Nitribitt ihren Lebensunterhalt wohl ausschließlich als eine der 1200 Prostituierten, die der Frankfurter Polizei zu dieser Zeit bekannt sind. Weitere 10.000 vermutet sie im Halbschatten der Gelegenheitsprostitution, was nicht übertrieben klingt: Die Frankfurter Beherbergungsbetriebe melden im Schnitt über 65.000 Gäste pro Monat, davon bis zu 35.000 Ausländer. Dass der Frankfurter Polizei gleichzeitig aber nur 140 Sittlichkeitsdelikte im Jahr gemeldet werden, spricht für die Verschwiegenheit des Milieus, dessen Hochpreis-Klasse Rosemarie Nitribitt anvisiert. Es ist im Übrigen auch jene Zeit, als sie die Bekanntschaft Heinz Pohlmanns macht, der ihr Freund, Vertrauter, womöglich auch ihr Sexualpartner und Mörder sein wird. Dass sie am Anfang ihrer Beziehung, kurz nach dem Tod ihres älteren Gönners, aufgelöst und verzweifelt gewesen sei, gehört zu den wenigen glaubhaften Aussagen Pohlmanns, die überliefert sind.

Sie muss sehr gut verdienen in dieser Zeit; Natus hat ihr – wie die Polizei später ermitteln wird – nichts vererbt. Wo sie ihrem Gewerbe nachgeht, lässt sich später nicht mehr rekonstruieren; immerhin gilt

Ein Mitbewohner. Der junge Jazzmusiker Bill Ramsey ärgert sich Mitte der 50er Jahre oft darüber, dass seine Zimmernachbarin Rosemarie stundenlang Bad und Telefon blockiert. Von ihrem Gewerbe hat er, wie er sagt, nichts geahnt.

Mitte der 50er Jahre noch der Kuppeleiparagraf. Der verbietet es Vermietern bei Strafe, unverheiratete Paaren gemeinsam in einem Zimmer übernachten zu lassen. Die großen Frankfurter Hotels nehmen das puritanische Gesetz durchaus ernst, hier hat sie frühzeitig Hausverbot (wenngleich die Hotelportiers später ihre Telefonnummer an gute Kunden weitergeben werden). Mehrfach schleust sie ihre Kunden in eine private Pension im Westend, deren Betreiber offenbar kein Problem mit falschen Namen auf dem Meldezettel und stundenweiser Vermietung haben. Die Rechnung, mit Trinkgeld für den Portier, bezahlt der Freier.

Rosemaries Zuwendung beginnt bei 50 Mark, was im Frankfurter Nachtleben jener Jahre kein absurd hoher Tarif zu sein scheint. Später, schon mit dem 190-SL-Zündschlüssel in der Hand, wird sie mitunter „200 Blumen" oder „fünf Scheine" fordern und damit Hunderter meinen, was aber eher nach Koketterie klingt: Wenn sie einen sozialen Tag hat, sind ihr auch 30 Mark aus dem Portemonnaie weniger vermögender Kunden genug. Die Masse macht´s, auch wenn diese Feststellung nicht wirklich zum Mythos der großen Verführerin passt. Vieles passt in diesem Leben nicht zusammen, aber das wird erst nach ihrem Tod von Bedeutung sein.

Im Spätsommer 1955 ist Rosemarie Nitribitt auf der Suche nach einer eigenen Wohnung. Ihre Vermieterin im Westend hat ihr gekündigt, „weil sie immer so spät in der Nacht nach Hause kommt". Die junge Frau sucht nach großstädtischer Unverbindlichkeit und findet sie dort, wo sie 1953/54 schon einmal gewohnt hat – in einer der mittlerweile teuersten Innenstadt-Wohnlagen Frankfurts: gegenüber dem Eschenheimer Turm und dem Redaktionshaus der „Frankfurter Rundschau", neben Bayer-Hochhaus und „Turm-Palast", einem bedeutenden Frankfurter Premierenkino. Hier hat der Architekt und Bauträger Wilhelm Berentzen einen modernen, breit in eine Baulücke gelagerten Appartementblock errichten lassen. Das Haus Stiftstraße 36, vierstöckig, mit großen Panoramafenstern, steht im Rohbau, als Berentzen die Zwei-Zimmer-Wohnungen von der renommierten Maklerfirma Dröll & Scheuermann vermarkten lässt.

Es ist, was fünf Jahrzehnte später kaum noch glaubhaft erscheint, eine luxuriöse Immobilie: mit massivem Stäbchenparkett auf dem Boden, mit Fußbodenheizung – einem damals beinahe dekadenten Detail –, Aufzug und einem Foyer, dessen Böden und Wände mit Marmor verkleidet sind. Über zwei Mark Quadratmeter-Kaltmiete sind allerdings auch ein Besserverdiener-Tarif, dazu kommen fast 5000 Mark Baukostenzuschuss, eine Spezialität der Nachkriegsjahre: Wer eine Neubau-Wohnung beziehen will, muss sich häufig per Bareinlage an der Finanzierung beteiligen. Oft gilt der Zuschuss als eine Art Geldgeschenk an den Hausherrn, hier ist der Vermieter erstaunlich großzügig: Er zahlt den Kredit zurück, allerdings zinslos und in fünfzehn jährlichen Raten.

Rosemarie Nitribitt entscheidet sich im September 1955 für eine der – auf den ersten Blick – unattraktiveren Wohnungen des Hauses: Das Zwei-Zimmer-Appartement, 75 Quadratmeter groß, liegt im vierten Stock, hat keinen Balkon, dafür aber Wohn- und Schlafzimmer zur viel befahrenen Straßenseite; nur die Küche besitzt ein Fenster zum ruhigen wie tristen Hinterhof. Aber das Haus verspricht jene Flüchtigkeit und Anonymität, die der jungen Mieterin vorschweben. Ihre Wohnung grenzt an nur ein Appartement; die meisten Bewohner sind berufstätig und tagsüber nicht zu Hause; eine moderne Gegensprechanlage, damals noch keineswegs alltäglich, ermöglicht es, unerwünschten Besuch mit Sicherheitsabstand abzuwimmeln; Kunden können unauffällig kommen und gehen, der innerstädtische Passantenstrom schützt sie – nur die oberen Stockwerke der Stiftstraße 36 sind schließlich bewohnt, im Erdgeschoss befindet sich eine Ladenzeile mit Feinbäckerei, Bankfiliale, Modegeschäft, Schnellimbiss und einer Spezialhandlung für Herde und Öfen. Jeder könnte zufällig hier zu tun haben: Die Gegend um den Eschenheimer Turm ist ein Knotenpunkt des Auto- und Straßenverkehrs – und das modernste Quartier der Frankfurter City.

Als sich Rosemarie Nitribitt für das Neubau-Appartement mit der Nummer 41 entscheidet, hält sie neben dem Baukostenzuschuss auch noch 536 Mark Vermittlungsgebühr in bar bereit. Sie sei, so sagt sie, selbständiges Mannequin mit rund 800 Mark monatlichem Bruttoeinkommen. Das klingt glaubhaft, auch eine beauftragte Auskunftei hat keine Bedenken und bestätigt die Bonität der Interessentin. Sie scheint sich damit unauffällig in die Mietergemeinschaft einzufügen: Zum Jahreswechsel 1955/56 zieht sie ein. Nur der Bauleiter wundert sich einmal, dass die Mieterin gleich nach dem Öffnen der Wohnungstür ihren seidenen Bademantel auszieht. Darunter trägt sie nichts. Sie hat ihn wohl für einen Kunden gehalten.

Die Einrichtung des Fräulein Nitribitt kontrastiert heftig mit der sachlichen Außenarchitektur. Ihre Möbel zeigen, wie sich ein Heimkind aus der Eifel die große Welt vorstellt (später findet die Polizei heraus, dass sie sich in Stilfragen von ihrer 65-jährigen Vermieterin aus der Feuerbachstraße beraten lässt): Kein Hauch vom puristischen Designstil à la Knoll International und Braun, wie ihn fortschrittliche Besserverdiener dieser Zeit schätzen. Gemütlich soll es sein, exklusiv, aber nicht mondän, mit neuzeitlichem Chippendale und echtem Barock, Geflochtenem und Nippes, Ohrensessel und Luxus-Musikschrank, Modell „Ilse Dubarry III" in glänzendem Dunkelholz. Alleine das Tonmöbel kostet 1400 Mark, ein Kfz-Mechaniker müsste dafür etwa 600 Stunden arbeiten. Soviel Pracht macht Mitte der 50er Jahre Eindruck, weil es dem Durchschnitts-Geschmack entspricht und dennoch teuer wirkt.

Möglicherweise hat sie genau das im Sinn, wenn das Ambiente auch im Detail nicht stilrein wirkt. Dass als Maskottchen auf dem neubarocken Wandleuchter im Flur die Bild-Lilli thront, eine vollbusige Vorzeit-Barbie, bleibt einem Besucher so tief in Erinnerung, dass er es später

Typ 190 SL Coupé, links	14 846			
Lg. Nr.	A. Nr.		Fg. Nr.	121 040-65
8 137 134				
Kfz. Br. Nr. Frankfurt			M. Nr.	121 921-65
Ndl. Frl. Rosemarie Nitribitt, Frankfurt			A. Nr.	A 121 040-65
Besteller				14. Mai 1956
Main, Feuerbachstr. 30			fertig	
			abgeliefert	19.5.1956

Lackierung *Ut.: schwarz DB 40 Ot.: elfenbein DB 608*
Polsterung *rotes Leder 1079*

Nr 26 309 Wagenkarte 700 2.56. Js.

Der Stern ihrer Sehnsucht. Das Frl. Rosemarie Nitribitt wohnt noch in Untermiete, als es Ende 1955 einen neuen Mercedes 190 SL bestellt. Die originale Mercedes-Datenkarte verrät das Fertigungsdatum im Mai 1956, die Farbe des Lacks und der Lederpolsterung. Zum schwarzen SL gehörte demnach auch ein weißes Hardtop-Dach.

Journalisten steckt. Und zu den Accessoires, die später im Tatortbericht der Polizei auftauchen werden, zählen zeittypische Abscheulichkeiten wie ein „Gluttöter in Form eines Negerbabys" oder ein Porzellan-Schwarzwaldhäuschen mit flüssigem Inhalt. Es fällt zu Boden, als sie vergeblich um ihr Leben kämpft.

Etwa zeitgleich mit dem Unterzeichnen des Mietvertrags – Rosemarie Nitribitt wohnt noch in der Feuerbachstraße – komplettiert sie ihre Inszenierung als Königin des Frankfurter Nachtlebens mit der Bestellung des Mercedes 190 SL, Außenfarbe schwarz mit roten Lederpolstern. Später wird sie ihn gerne zum Freiergeschenk erklären, in Wirklichkeit ordert sie das Mercedes-Cabriolet höchstpersönlich und bezahlt im Kassenraum der Mercedes-Niederlassung bar, in mittleren Scheinen, die sie ihrer ledernen Bally-Handtasche entnimmt. Die damals schon übliche Abholung im Sindelfinger Werk scheut sie anscheinend als unnötigen Verdienstausfall, sie lässt den Roadster per Achse nach Frankfurt überführen. Die Mercedes-Geschäftsräume liegen übrigens in der Kriegkstraße, nur einen Sprung vom Monikaheim entfernt, aus dem sie drei Jahre zuvor ein letztes Mal getürmt ist.

Dieser Autokauf ist die wahrscheinlich wichtigste Investition ihres Lebens. Erst kurz zuvor ist der Soft-Sportwagen auf dem Markt erschienen; er steht – ohne Extras – mit fast 18.000 Mark in den Preislisten des Herstellers. Die junge Frankfurter Kundin bezahlt etwas weniger, weil sie ihren gut erhaltenen Opel Kapitän für 5000 Mark in Zahlung geben kann. Sie wird zu diesem Zeitpunkt aber sicherlich wissen, dass der Besitz eines 190 SL ihre Bekanntheit um ein Vielfaches steigern wird.

Der Mercedes repräsentiert Anfang 1956 den Gegenwert von viereinhalb Volkswagen in Standardausführung, er ist selbst für höhere Töchter der Republik ein zu kostbares Geschenk, weil ihn sich nicht einmal alle vermögenden Väter ohne Weiteres leisten können. Manche ihrer Kunden, die Rosemarie Nitribitt noch als Besitzerin eines großen Opel erlebt haben, sind erschüttert, als sie plötzlich den gleichen Mercedes fährt wie sie. Nur die Mercedes-Verkäufer der Frankfurter Niederlassung wundern sich nicht: In ihrer Kundenakte ist sie zwar als Hausfrau geführt, von Kennern des Milieus aber von Anfang an enttarnt. In den Fahrzeugbrief lässt sie sich am 18. Mai 1956, bei der Erstzulassung des Mercedes auf das Kennzeichen H 70-6425, unter der Rubrik „Beruf, Gewerbe, Stand" als Mannequin eintragen.

Es gibt zahllose Anekdoten, die sich später um den 190 SL und seine Fahrerin ranken, und die meisten von ihnen sind falsch. Eine der haltbarsten setzt im Jahr nach ihrem Tod der Münchner Publizist und Nitribitt-Biograf Erich Kuby in die Welt, und der „Spiegel"-Autor und Schriftsteller Hellmuth Karasek gibt sie 40 Jahre später ungeprüft weiter: Nach ihren Erkenntnissen kauft Rosemarie Nitribitt 1956 einen mittelgrauen SL, muss ihn aber auf Druck der Frankfurter Mercedes-Niederlassung schwarz lackieren lassen, weil eine Dame der besten Frankfurter Gesellschaft das gleiche Auto fährt und sich über ständige Anzüglichkeiten ärgert.

Die Dame gibt es Mitte der 50er Jahre zwar wirklich, ihr Mann hat auch näheren Kontakt zu Rosemarie Nitribitt. Aber die muss mit ihrem

Mercedes nur dann zum Lackierer, wenn ihr nachts wieder irgendwer ein Hakenkreuz oder den Mundart-Spruch „Fut frei" in den schwarzen Lack geritzt hat (Fut bezeichnet im hessischen Primitivdialekt das weibliche Geschlechtsorgan, d.V). Als ihr die Frankfurter Mercedes-Benz-Niederlassung einmal eine Rechnung über 2400 Mark präsentiert, verliert die Kundin ihre Fassung: „Ich verdiene mein Geld doch nicht im Schlaf", ätzt sie den Meister an. So viel unfreiwilliger Doppelsinn bleibt ihm in Erinnerung und geht deshalb später als amtliches Bonmot in die Ermittlungsakten ein.

Im Frühjahr 1956 ist der Rosemarie-Mythos, wie er später zum kollektiven Gedächtnis der Bundesrepublik gehören wird, zumindest nach optischen Gesichtspunkten komplett. Nur ihr weißer Pudel fehlt noch, sie bekommt ihn Ende des Jahres von einem amerikanischen Bekannten geschenkt. Dabei braucht sie anders als viele Kolleginnen, die ihre Freier zu Fuß suchen, eigentlich keinen Begleiter auf vier Pfoten: Denn in der Frankfurter Halbwelt jener Jahre ist Gassigehen ein beliebtes Argument gegen polizeiliche Unterstellungen. Wer den Hund dabei hat, kann mit Empörung verneinen, auf zahlende Freunde zu warten. Aber Rosemarie Nitribitt geht ja schon nicht mehr zu Fuß. Es dauert nicht lange, bis sie Nachahmerinnen findet.

Deutschlands berühmteste Prostituierte hat nur noch ein knappes Jahr zu leben: Personen der Zeitgeschichte wird sie in dieser Zeit treffen, und auch solche, die das gerne wären. Manche werden es mit ihrem Ableben. Den Unterschied bestimmt nach dem 1. November 1957 die Frankfurter Kriminalpolizei. Er wird auf vielfältige Weise sicht- und spürbar werden.

II. Fremde, Freunde, Freier

„Geboren werden und sterben,
pflanzen und ausrotten, was gepflanzt ist,
würgen und heilen, brechen und bauen,
weinen und klagen, lachen und tanzen,
lieben und hassen, Streit und Friede hat seine Zeit.“

Prediger 2, 2

Das Liegerecht der Grabstätte 1148, Feld 95, auf dem Düsseldorfer Nordfriedhof ist bereits seit 2001 abgelaufen, aber das lässt sich nur unter der Hand erfahren. „Die Stadt Düsseldorf befindet sich im Gespräch mit einer für die Nutzung des Grabes Berechtigten“, teilt das Amt für Kommunikation auf Anfrage mit. Dem vernachlässigten Grab ist das nicht anzusehen: Eine dünne Moosschicht hat den schwarzen Marmor des Grabsteins überzogen, welkes Laub bedeckt die vor langer Zeit angelegte Fläche, die – was hier ungewöhnlich ist – keine der benachbarten Gärtnereien pflegt. Das Gehäuse des ewigen Lichts ist beschädigt, ein Glasfensterchen gebrochen.

Vermutlich würde niemand protestieren, wenn das Grab eingeebnet würde. Dennoch ist Rosemarie Nitribitts letzte Ruhestätte auch 50 Jahre

Das letzte Foto. Am Mittag des 28. Oktober 1957 steht der Fotograf Kurt Weiner auf dem Dach des Verlagshauses der „Frankfurter Rundschau". Er testet an diesem außergewöhnlich sonnigen Herbsttag ein neu gekauftes Teleobjektiv. Im Haus gegenüber sieht er eine junge Frau, die sich im offenen Fenster sonnt, und drückt genau einmal ab. Es ist das letzte bekannte Foto, das die lebende Rosemarie Nitribitt zeigt.

nach ihrem Tod erhalten. Und in einer Friedhofsvase aus dunkelgrünem Kunststoff steckt eine frische rote Rose: Das komme öfter vor, sagt ein Gärtner, der den Nordfriedhof gut kennt, schließlich habe das Nitribitt-Grab so etwas wie Prominentenstatus, auch nach so langer Zeit. Besucher pflegen es mitunter aus Mitleid, was dann in Blogs und Internetforen nachzulesen ist.

Nichts besseres darin ist denn fröhlich sein im Leben. Der schwarze Grabstein spendet mit seinem alttestamentarischen Predigerzitat so viel Trost, wie es gerade noch möglich ist in diesen dumpfen 50er Jahren. Darunter der Name, das Geburtsdatum – und der falsche Zeitpunkt ihres Ablebens: Am 1. November 1957 wird die tote Rosemarie Nitribitt zwar in ihrer Frankfurter Wohnung aufgefunden, aber gestorben ist sie mit Sicherheit früher.

Ihre sterblichen Überreste werden 1957 ohne Kopf zu Grabe getragen, weil die Polizei nicht mit endgültiger Sicherheit klären kann, woher die Verletzungen an ihrem Schädel stammen. Die Ermittler erklären ihn daher zum Asservat und bewahren ihn in den Beständen des Frankfurter Polizeipräsidiums auf. Dort wird er bleiben und sehr viel später zum aufregendsten Exponat des 2002 eröffneten Kriminalmuseums werden. Aus Gründen der Totenfürsorge befindet sich Rosemarie Nitribitts Kopf jahrelang in einem Milchglasbehälter. Als der Frankfurter Kriminaldirektor Albert Kalk in den 60er Jahren vor einem Fotografen der Illustrierten „Stern" mit dem Schädel posiert, fängt er sich einen Rüffel des Innenministeriums ein. Aber fünf Jahrzehnte nach Rosemarie Nitribitts Tod sind die Zeiten liberaler: Ihr Kopf ruht nun in einer gläsernen Ausstellungsvitrine.

Dass ihr Leben zu Ende gegangen sein könnte, kommt am Nachmittag des 1. November 1957, einem Freitag, zuerst ihrer Putzfrau Erna Krüger in den Sinn. Zumindest behauptet sie das später in der polizeilichen Vernehmung. Es ist Allerheiligen, ein außergewöhnlich milder und sonniger Herbsttag, und Erna Krüger will einige Tage nichts mehr von Rosemarie Nitribitt gehört haben, was ihr ungewöhnlich vorkommt. Sie sucht vergeblich nach dem schwarzen Mercedes 190 SL, der meistens auf einem der öffentlichen Parkplätze in der Nähe steht, sie fragt in benachbarten Geschäften, wann Fräulein Nitribitt zuletzt gesehen worden sei, und berichtet von Milchflaschen und Brötchen, die sich vor ihrer Haustür angesammelt haben – offensichtlich hat seit drei Tagen niemand mehr das Frühstück herein geholt. Das ist seltsam, weil Rosemarie Nitribitt die Lieferungen abbestellt, wenn sie für längere Zeit verreist. Ein

Die Aufwartefrau. Erna Krüger verbittet sich die Bezeichnung Putzfrau, tatsächlich verband sie mit Rosemarie Nitribitt eine engere Bekanntschaft. Sie sucht am Nachmittag des 1. November 1957 vergeblich nach ihrer Chefin – oder spielt sie nur die Besorgte?

Beruf: Mannequin. So steht es im Kraftfahrzeugbrief ihres Mercedes 190 SL. Dass der seit Tagen nicht wie üblich auf der Straße parkt, macht am 1. November 1957 die Zugehfrau Rosemarie Nitribitts argwöhnisch. Sie weiß nicht, dass der schwarze Roadster wegen Motorproblemen in der Werkstatt steht, und macht Nachbarn auf das Verschwinden ihrer Arbeitgeberin aufmerksam.

Journalist, der in Rosemaries Nitribitts Nachbarschaft wohnt, hört in einem Modegeschäft zufällig von den Beobachtungen, läuft zur nächsten Telefonzelle und verständigt das Erste Polizeirevier. Es ist 16.50 Uhr.

Die Besatzung des Funkstreifenwagens Frank 40, einer der in Frankfurt verbreiteten Borgward-Isabella-Limousinen, hat es vorerst nicht eilig. Der Polizeihauptwachtmeister Heinz Möller und sein im gleichen Dienstrang stehender Kollege Heinz Guvernator rufen den Mitarbeiter eines Schlüsseldiensts und treffen mit ihm gegen 17.30 Uhr in der Stiftstraße 36 ein. Neugierige Nachbarn warten bereits im Treppenhaus und vor dem schmalen, von milchgläsernen Lamellenscheiben beleuchteten Gang, an dessen Ende die Wohnung der Rosemarie Nitribitt liegt. Sie kennen die Tätigkeit der jungen Nachbarin, mitunter haben sich Besucher im Stockwerk und der Tür geirrt, und einige der Mitbewohner haben sich wegen ständigen nächtlichen Lärms an den Hausbesitzer gewandt. Keiner von ihnen erinnert sich, Rosemarie Nitribitt in den vergangenen Tagen gesehen zu haben.

Hinter der Tür hören die Polizeibeamten das leise Kläffen des Pudels, verreist wird die Bewohnerin also nicht sein. Die Tür ist nur zugezogen, aber nicht verriegelt und deshalb schnell geöffnet. Bereits im Flur schlägt den Beamten Verwesungsgeruch entgegen; in der Wohnung ist es dunkel und drückend warm. Die beiden Polizisten gehen nach links, auf eine zweiflügelige Glastür zu, die etwas offen steht. Sie betreten das abgedunkelte Wohnzimmer, dessen einzige Lichtquelle die gelbliche Radiobeleuchtung der Musiktruhe ist. Um richtig sehen zu können, schalten sie die Wandbeleuchtung ein. Was sie dann sehen, verschlägt ihnen den Atem: Auf dem Boden vor dem Sofa liegt die Leiche einer jungen, etwa 1,60 Meter großen Frau im anthrazitgrauen Hauskostüm. Das rechte Bein liegt leicht angewinkelt auf der Couch, das linke ausgestreckt darunter. Ihr aufgedunsenes Gesicht ist mit verkrustetem Blut bedeckt, in den Nasenlöchern befinden sich Fliegenlarven. Die Leiche ist bereits in Verwesung übergegangen.

Es sind entweder die Polizeibeamten Möller und Guvernator, womöglich auch erst die Kriminalsekretäre Ulrich und Nagel von der Fahndung, die unter dem Geruch und der Hitze leiden und deshalb ein Fenster öffnen, bevor die Raumtemperatur gemessen worden ist. Sie verhindern damit, dass jemals ein exakter Todeszeitpunkt festgestellt werden kann. In der Folge wird er falsch geschätzt, was dazu führt, dass später viele der abgefragten Alibis nicht verwertbar sein werden. Der Anblick, der sich ihnen im Wohnzimmer des Appartements 41 bietet, ist jedenfalls so schockierend, dass Guvernator und Möller sich am späteren Abend in die Küche eines ihnen bekannten Gastwirts zurückziehen und die Eindrücke mit Hilfe einer Flasche Weinbrand verarbeiten.

Rosemarie Nitribitt, das ergibt eine spätere Tatrekonstruktion, ist von hinten angegriffen worden, und sie hat sich, das zeigt der nähere Tatort, mit aller Kraft gewehrt. Die Sessel im Wohnzimmer sind verschoben, ein Sitzpolster des Sofas ist auf den Boden gefallen, überall finden sich

Blutflecken, teilweise sind sie verwischt. Nichts deutet allerdings auf ein Sexualdelikt hin, eine Erkenntnis, welche die noch in der gleichen Nacht stattfindende Obduktion bestätigen wird.

Offensichtlich, so die erste Vermutung der Ermittler, hat sie ihren Mörder – oder ihre Mörderin – selbst in die Wohnung gelassen, denn

Einbruchspuren finden sich nicht, und die Haustürschlüssel sind an ihrem Platz. Erst später wird sich herausstellen, dass Rosemarie Nitribitt mit ihren Appartementschlüsseln weit weniger vorsichtig umgegangen ist, als es die ersten Zeugen glaubhaft machen. Und ihre

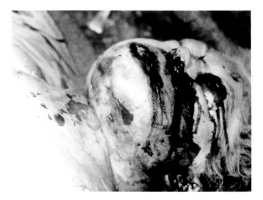

Freitag, 1. November 1957, früher Abend. Erste Tatortfotos der Frankfurter Kriminalpolizei. Noch am gleichen Abend wird Rosemarie Nitribitts Leichnam obduziert.

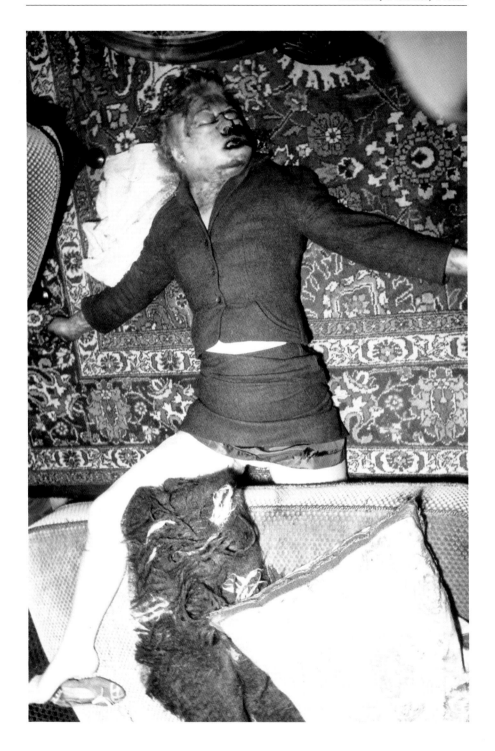

Haustür hat sie keineswegs nur Bekannten geöffnet, sondern jedem, der sich telefonisch anmeldete und an der Gegensprechanlage das Kennwort „Rebecca" kannte.

Nicht einmal die Tatsache, dass sie ihren Mörder ohne Makeup und in abgetretenen Hausschuhen empfängt, muss dafür sprechen, dass er kein zahlender Kunde ist. Eilige und vertraute Freier bedient sie auch so. Das Doppelbett in ihrem Schlafzimmer ist jedenfalls frisch gemacht und danach nicht länger benutzt worden, als es die Kripo untersucht. „Allenfalls ein kurzer Geschlechtsverkehr" könnte darin nach Meinung der Ermittler stattgefunden haben.

Wer auch immer es ist, der sie zuletzt besucht: Geplant hat er wohl nicht, was im Wohnzimmer des Appartements in der Stiftstraße geschieht. Offenbar streitet er mit seiner Gastgeberin, bis die Situation außer Kontrolle gerät, dann spürt Rosemarie Nitribitt scheinbar die drohende Gefahr und greift zum Hörer ihres cremefarbenen Siemens-Telefons. Das will ihr Mörder verhindern, packt sie von hinten am Hals und reißt sie zurück. Das Telefon – es steht auf der Hausbar – fällt dabei auf den Boden, Rosemarie Nitribitt schlägt wahrscheinlich mit dem Hinterkopf auf eine Sessellehne auf. Sie trägt eine im Durchmesser rund drei Zentimeter große Kopfplatzwunde davon und bleibt bewusstlos liegen. Blut tropft auf das Parkett und den Telefonhörer. Der unbekannte Besucher hebt die Verletzte hoch und legt sie auf die Couch, wo sie offenbar wieder zu Bewusstsein kommt und sich zu wehren versucht. Ihr Mörder erwürgt sie daraufhin mit beiden Händen (nicht etwa mit einem Seidenstrumpf, wie spätere Chronisten sich zurechtdichten werden); Rosemarie Nitribitt rutscht tot vom Sofa.

Die Kriminalpolizei wird später auch deshalb von einer Beziehungs- und Affekttat ausgehen, weil Rosemarie Nitribitts Mörder ihre Wohnung nicht gleich verlässt, sondern sich noch die Zeit nimmt, der Toten ein rosafarbenes Frottierhandtuch unter die blutende Kopfwunde zu legen.

Unter Umständen geht er davon aus, dass sie nur verletzt sein könnte, und versucht im Schock, auf sie einzureden. Offensichtlich handelt es sich um einen Täter, der von den Folgen des Übergriffs überrascht ist. Erst nach kurzer Bedenkzeit handelt er überlegt: Er beseitigt alle Fingerspuren an einer Schnapsflasche, die er angefasst haben muss. Und wahrscheinlich ist es auch der Mörder, der die Fußbodenheizung voll aufdreht. Rosemarie Nitribitt wird es wohl nicht gewesen sein, denn draußen ist es für die Jahreszeit schon seit Tagen außergewöhnlich warm. Durch die Hitze im Wohnzimmer geht die Leiche außergewöhnlich schnell in den Zustand der Verwesung über: Das ist hilfreich für einen, der gerade aus Versehen getötet hat. Der Täter zieht die Wohnungstür zu – sie hat an ihrer Innenseite keine Klinke, sondern wird durch Drehen des Knaufs geöffnet, eine damals ungewöhnliche Konstruktion – und verlässt das Haus.

Was er nach seiner Tat vergessen haben muss: Rosemarie Nitribitt hat sein Kommen offenbar erwartet und befürchtet, weshalb sie sich, als es zum Besuch kommt, heimlich Beweismaterial verschaffen will. Anders ist es nicht zu erklären, dass das Grundig-Tonbandgerät ihres Musikschranks auf „Aufnahme" steht. Offenbar unterläuft ihr in der Eile oder Aufregung aber ein Bedienungsfehler: Sie legt das Tonband falsch ein, was die Aufnahmequalität verdirbt. Und außerdem bricht die Aufnahme ab, nachdem Rosemarie Nitribitt dreimal hintereinander laut die Worte „Lass´ mich los!" oder „Lassen Sie mich los!" gesagt hat. Das Band ist an dieser Stelle nicht zu Ende, jemand muss die Aus-Taste des Geräts gedrückt haben. Die Aufzeichnung beginnt mit einem entfernten Gespräch, das an der Wohnungstür stattgefunden haben kann: Die Gastgeberin bietet ihrem Besucher einen Kognak an.

Das alles wissen die Ermittler der Frankfurter Kriminalpolizei noch nicht, als sie sich am Abend des 1. November 1957 am Tatort einfinden, wo inzwischen nicht nur die Nachbarn das Treppenhaus belagern, son-

Der diskrete Charme der Bourgeoisie. So stellt sich Rosemarie Nitribitt ersten Wohlstand vor: Polizeifoto ihres Wohnzimmers, 1957. Auf allen Polstermöbeln finden die Ermittler Spermaspuren.

dern auch Frankfurter Journalisten. Die stehen rauchend im Hausflur, drücken abwechselnd den Lichtschalter, wenn die Beleuchtung wieder erloschen ist, und erinnern einen der schreibenden Beobachter an das Personal eines schwarzweißen Films nach Graham-Greene-Drehbuch, in dessen Gesichtern sich das geschehene Unglück spiegelt. Womöglich ahnen die Pressevertreter noch vor den Ermittlern, dass sich hier kein alltäglicher Mordfall zugetragen hat: Die Hemdsärmeligkeit, mit der die Frankfurter Kriminalpolizei ihre Ermittlungsarbeit beginnt, lässt diesen Schluss zu, denn die amtliche Pannenserie reißt mit den geöffneten Wohnzimmerfenstern nicht ab.

Gegen 19.45 Uhr beginnen die Kriminalbeamten mit der Spurensicherung. Zuvor halten sich über 20 Personen in der Wohnung auf, neben

Vertretern der Polizei sind zuletzt auch Journalisten darunter. Gemeinsam hinterlassen sie Fingerabdrücke und vernichten Spuren, zertrampeln wohl auch die spärlichen Exkremente des im Schlafzimmer eingesperrten Pudels – dessen Ausscheidungen hätten ebenfalls helfen können, den Tatzeitpunkt zu bestimmen. In der Küche des Appartements darf geraucht werden; Polizisten und Pressevertreter werfen ihre Kippen aus dem Fenster, wo sie auf einem Gebäudevorsprung landen. Es dauert einige Zeit, bis es den Kriminalbeamten dämmert, dass auch der oder die Mörder ihre Zigaretten aus dem Fenster geworfen haben könnten: Deshalb muss in den Tagen darauf erst einmal ermittelt werden, welcher Beamte, Redakteur und Fotograf welche Zigarettensorte raucht.

Die Hausbewohner befragt die Kripo dagegen erst Tage später, als viele Erinnerungen bereits verblasst sind, manche von ihnen sogar nach

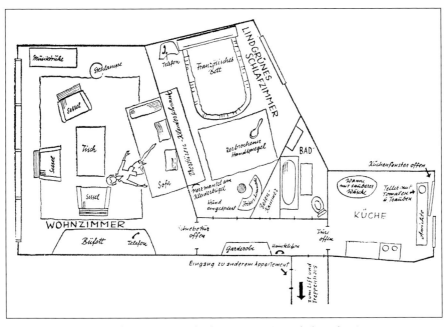

Tatortskizze der Frankfurter Kriminalpolizei, 1957. Der Blick in das Appartement Nummer 41 erklärt sich selbst – auch wenn es in Wirklichkeit das rechte Bein der Toten ist, welches auf dem Sofa liegt.

Wochen und Monaten. Wenn sie dann etwas beizutragen haben, das zwar schlüssig klingt, aber nicht ins Raster der bisherigen Ermittlungen passt, gelten sie nach so langer Zeit nicht mehr als glaubhaft: Das trifft beispielsweise für eine Zeugin zu, die im Appartement unter Rosemarie Nitribitt wohnt und sich erinnern kann, am Tag vor dem Leichenfund Schreie und ein dumpfes Fallgeräusch gehört zu haben. Sie gibt ihre Beobachtungen erst sehr spät zu Protokoll, im November 1958, was nicht an ihr liegt: Vorher hat sich anscheinend niemand im Polizeipräsidium für ihre Aussage interessiert.

Manche Szenen lesen sich nach schlechtem Drehbuch, sind aber belegt: So findet die Spurensicherung im Wohnzimmer einen Herrenhut, den sie untersucht und dem Mörder zurechnet. Sie erfährt erst Tage später, dass es der Leiter der Mordkommission war, der seinen Hut dort

Das berühmteste Bett der jungen Republik. Es ist unbenutzt, als Rosemarie Nitribitt stirbt; die Spuren auf der Tagesdecke stammen von ihrem Pudel. Tatortfoto der Frankfurter Kriminalpolizei.

Das Tonband steht auf „Aufnahme". Das Erscheinen ihres letzten Besuchers zeichnet Rosemarie Nitribitt mit dem Grundig-Tonbandgerät ihres Ilse-Musikschranks auf. Allerdings bricht die Aufnahme nach kurzer Zeit ab. Auf dem Musikschrank steht der berühmte Bilderrahmen mit einem kleinen Portraitfoto Harald von Bohlen und Halbachs (rechts). Tatortfoto der Frankfurter Kriminalpolizei, 1. November 1957.

abgelegt und vergessen hat. Bis dahin gelten Hutträger während der ersten Vernehmungen als besonders verdächtig. Und: Keiner der Anwesenden verhindert, dass Erna Krüger, die Haushälterin der Ermordeten, die vor der Tür stehenden Brötchentüten mitnimmt, den Inhalt zu einem Teil aufisst und zum anderen Teil wegwirft. Immerhin: Auch hier könnte es Beweismaterial sein, das vernichtet wird.

Die Frankfurter Mordkommission nimmt manches erstaunlich ungenau. Einer der Kriminalsekretäre, der am 2. November 1957 den 24-seitigen Tatbefundsbericht abfasst und unterzeichnet, ist noch bei der Gerichtsverhandlung im Juni 1960 davon überzeugt, dass der Mord am

Alarm für das erste Dezernat. Originale Fernsprechmitteilung vom 1. November 1957:
Die Besatzung der Funkstreife Frank 40 teilt dem Präsidium mit, was sie in der Stiftstraße 36 vorgefunden hat. Das Dokument wird bis heute im Polizeimuseum verwahrt.

Tag geschehen sein muss. Schließlich, so sagt er, seien die Übergardinen
beim Auffinden der Leiche geöffnet gewesen. Der Vorsitzende Richter
belehrt ihn, dass die Übergardinen zugezogen waren. Das hätte der Kriminalsekretär in jenem Bericht vom 2. November nachlesen können, den
er selbst unterschrieben hat.

Statt dessen gehört er zu den ersten Beamten, die feststellen, dass
Rosemarie Nitribitt keine gewöhnliche Großstadtnutte war, sondern
tatsächlich Zugang zu höchsten Kreisen hatte: Er schafft eine Sammlung von Liebesbriefen zur Seite, die allesamt vom selben Absender
stammen. Dessen Portraitfoto steht in einem Silberrahmen auf dem
Musikschrank, es verschwindet – auf Geheiß des Leiters der Mordkommission – ebenfalls aus der Wohnung. Die Liebesbriefe übergibt der
längst pensionierte Polizeibeamte erst 45 Jahre später einer Frankfurter

Journalistin, die sich für den Fall interessiert. Sie sind offensichtlich nie Gegenstand der Ermittlungen gewesen.

Ihr Absender trägt einen prominenten Namen, er zählt zur Hautevolee der jungen Bundesrepublik. Und tatsächlich sieht es so aus, als habe Harald von Bohlen und Halbach, der zweitjüngste Sohn von Bertha Krupp und ihrem Ehemann Gustav, die Rosemarie aus Niedermendig wirklich geliebt. In seiner steilen Handschrift teilt er ihr mit, wie er sich nach ihr verzehrt, wie gerne er bei ihr

Gewürgt und beraubt

Wieder Überfall auf Prostituierte

Eine Funkstreife fand am Dienstag, gegen 1.30 Uhr früh, eine 32jährige Prostituierte aus Frankfurt auf einem Trümmergrundstück an der Mainzer Landstraße auf. Sie war bewußtlos. Nachdem die Frau wieder zu sich gekommen war, berichtete sie, ein junger Mann habe sie auf das Trümmergrundstück begleitet. Dort habe er sie plötzlich gewürgt und ihr die Handtasche abgenommen. Mit der Beute — in der Tasche befanden sich 36 Mark — sei er geflüchtet. Der Täter sei zwischen 22 und 25 Jahre alt und habe hellblondes Haar. Er sei mit einer roten Jacke, grauen Knickerbockers und hellen Schuhen bekleidet gewesen.

Großstadt-Alltag. Gewalt gegen Prostituierte ist für die Frankfurter Kripo kein außergewöhnliches Delikt, wie eine Zeitungsmeldung vom 6. November 1957 zeigt. Vielleicht deshalb nehmen die Ermittler den Fall Nitribitt anfangs nicht ernst genug.

in Frankfurt wäre und sich um ihr Wohlergehen sorge. Eine Christophorusplakette für ihren 190 SL schenkt er ihr und Tonbänder mit Jazz und karibischer Musik.

Auch er, der seine Geliebte in Frankfurt zärtlich „Fohlen" nennt, ist an diesem Freitag verwundert, weil er sie seit Tagen nicht telefonisch erreicht. Am späten Abend meldet er sich noch einmal, legt aber konsterniert auf, als sich eine Männerstimme mit „Hallo" meldet – dass die Kripo am Telefon ist, kann er nicht wissen. Am Samstag versucht er es gegen 12.20 Uhr erneut und hört das Besetztzeichen. Kurz darauf ruft ihn die Frankfurter Kriminalpolizei an, und am Sonntag, den 3. November, erscheint er durch den Hintereingang des Polizeipräsidiums zur Vernehmung. Er ist der erste von mehreren Freunden der Rosemarie Nitribitt, dem die Kriminalpolizei das Recht einer Vorzugsbehandlung einräumt. Normalbürger haben selbstverständlich werktags zu erscheinen und den Haupteingang zu benutzen.

Mit Rosemarie Nitribitt hat der 41-jährige Multimillionär aus Essen eine wichtige Gemeinsamkeit: Sein Leben ist bisher alles andere als glücklich verlaufen. Das gilt für die meisten der prominenten Männer, die im Herbst 1957 intime Befragungen über sich ergehen lassen müssen.

Der Mann aus Essen-Bredeney ist reich, aber einsam, was nach plattem Klischee klingt und doch zutrifft. Harald von Bohlen und Halbach stammt aus einem Elternhaus, in dem preußische Strenge und geradezu absurde Disziplinvorstellungen herrschen. Sein 19 Jahre älterer Bruder Alfried etwa muss sich, weil es die Raison der Familie fordert, zwei Mal scheiden lassen, einmal – in den späten 20er Jahren – auf Druck seines Vaters, einmal auf Druck seiner Mutter. Die greise Bertha Krupp hält den legeren Lebensstil seiner zweiten Frau Vera für banal und unangemessen. Vera kontert mit dem Vorwurf der seelischen Grausamkeit und erstreitet sich eine Apanage von einer Million Mark im Jahr, eine einmalige Abfindung von 21 Millionen sowie den Besitz einer Krupp-Farm in Nevada. Die deutsche Öffentlichkeit erfährt davon erst Tage später, weil sich nicht nur das Haus Krupp dazu ausschweigt, sondern auch das Essener Landgericht, obwohl es sich zumindest auf dem Papier um ein öffentliches Verfahren handelt.

Mitte der 50er Jahre gilt Alfried, seit 1943 alleiniger Besitzer des Krupp-Imperiums, als reichster Mann Deutschlands, obwohl der einstige Rüstungskonzern auf Forderung der Alliierten entflochten werden muss: Alfried ist verpflichtet, mit seinen Geschwistern zu teilen und ihnen Barabfindungen in beträchtlicher Höhe zu bezahlen. Das Familienvermögen schätzt „Der Spiegel" bereits 1952 auf rund 500 Millionen Mark; fünf Jahre später hat es sich wahrscheinlich vermehrfacht. Harald von Bohlen und Halbach profitiert davon.

„**Ein Ende im Armesündersarg**", schreiben die Frankfurter Tageszeitungen. Gegen 22 Uhr am Fundtag wird Rosemarie Nitribitts Leiche zum Gerichtsmedizinischen Institut gebracht.

Seinen Eltern schreibt der Wirtschaftsjournalist und Krupp-Kenner Kurt Pritzkoleit in seinem 1957 erschienenen Bestseller „Wem gehört Deutschland?" wenig ansprechende Wesenszüge zu: „Härte gegen sich selbst und gegen die Umgebung, Zielstrebigkeit und Engstirnigkeit" sind demnach die dominierenden Wesenzüge der Bertha Krupp. Gustav von Bohlen und Halbach kommt kaum besser weg: „zäh, nüchtern, pedantisch bis zur Kleinlichkeit, ein harter Herr und strenger Vater, ein kaltherziger Mann ohne jede Fähigkeit, inmitten seines pomphaften Reichtums sein Leben zu genießen. Ein Karrierist von seltener Reinheit des Wesenszugs".

Repräsentation steht demnach im Lebensmittelpunkt der Sippe, Selbstverwirklichung gilt als obszön, und selbst eine Kindheit im eigentlichen Sinne ist für die Nachkommen der Konzernerbin nicht vorgesehen: Die Krupp-Werksfeuerwehr fungiert als getarnte Geheimpolizei und erstattet über jede Regung der sieben Kinder peniblen Bericht; eine Verspätung gilt als nicht wieder gut zu machende Sünde. Die Ordnung bei Tisch sieht vor, dass der Hausherr zuerst bedient wird und das Tempo des Essens vorgibt. Wer nicht mitkommt und an nachgeordneter Stelle bedient wird, hat das Pech, den vollen Teller vom Personal entrissen zu bekommen.

Anders als seine beiden Brüder Claus und Egbert überlebt Harald den Zweiten Weltkrieg – und hat doch Pech: Er gehört 1955 zu den 9600 letzten deutschen Soldaten, die auf Intervention Konrad Adenauers aus russischen Kriegsgefangenenlagern entlassen werden. Ursprünglich ist er in rumänische Gefangenschaft geraten und kommt bereits bis in ein

Spitzen der Gesellschaft. Harald von Bohlen und Halbach mit Soraya, der verstoßenen Gattin des Schahs von Persien, Anfang der 60er Jahre. Bertha Krupps Sohn schreibt seiner Frankfurter Freundin romantische Liebesbriefe, bespricht ihr Tonbänder – und schenkt ihr nicht nur Schmuck, sondern auch einen Werkzeugkoffer. Die kaputte Kindheit hat er mit seiner Geliebten gemeinsam.

Entlassungslager in Frankfurt an der Oder, wird dort jedoch von fanatischen Kommunisten in ein Straflager bei Moskau verschleppt und muss in einem Bergwerk arbeiten. Als Harald von Bohlen und Halbach nach Deutschland zurückkehrt, leidet er darunter, von der besseren Gesellschaft als einer der vermögendsten Junggesellen der Republik auf penetrante Weise herumgereicht zu werden. Dabei hat er partout nicht den Wunsch, eine junge Dame der feinsten Kreise zu ehelichen. „Ich will keine Diva", sagt er später, 1960, als er tatsächlich heiratet. „Meine Frau muss auch einen Lichtschalter reparieren können, wenn es nötig ist".

Nach Harald von Bohlen und Halbachs Angaben beginnt seine Liaison mit Rosemarie Nitribitt in der zweiten Märzhälfte des Jahres 1957. Ob das stimmt oder ob der prominente Liebhaber den Zeitpunkt vordatiert, kann die Kriminalpolizei nicht genau feststellen – aber offensichtlich haben die Ermittler bemerkt, dass die Frankfurter Niederlassung des Krupp-Konzerns keine zwei Gehminuten vom Appartement der Ermordeten entfernt liegt, in der Stiftstraße 30. Zudem findet sich im Notizbuch Rosemarie Nitribitts, einem Heiligenkalender, bereits im Januar 1957 zum ersten Mal das Kürzel „Har"., was sich der Befragte mit der Existenz eines weiteren Harald erklären kann: Der, sagt von Bohlen und Halbach, sei vor ihm da gewesen, weshalb Rosemarie ihn selbst auch „Harald der Zweite" genannt habe. Beides, der Heiligenkalender und der doppelte Vorname, werden im Verlauf der Ermittlungen noch von Bedeutung sein.

Der Essener Harald jedenfalls will von Rosemarie aus dem Auto heraus angesprochen worden sein. Man sei spazieren gegangen und habe dann in der Nähe der Alten Oper eine Pension besucht, in der Rosemarie gut bekannt gewesen sei. Es folgt das Prozedere mit dem Meldezettel und falschen Namen, schließlich – so räumt er in seiner Vernehmung ein – „kommt es dann mit der N. zum Geschlechtsverkehr, der durchaus normal ausgeführt" wird. Zuvor macht sie ihren neuen Bekannten noch darauf aufmerksam, dass gute Freier bis zu 500 Mark für sie ausgeben. Er bietet

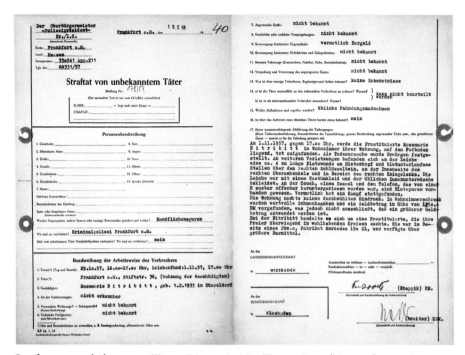

Straftat von unbekanntem Täter. Die zweiseitige Tatanzeige gehört zu den wenigen Dokumenten, die bis heute in den Beständen des Frankfurter Polizeipräsidiums erhalten geblieben sind.

ihr 200. Sie bleiben eine Stunde lang, dann setzt sie ihren neuen Freund in der Nähe des Messegeländes ab und gibt ihm ihre Telefonnummer.

Das klingt glaubhaft, später werden mehrere Freier einen ähnlichen Verlauf ihrer ersten Begegnungen mit Rosemarie Nitribitt bestätigen. Nur: Seit sie ihre neue Wohnung in der Stiftstraße 36 bezogen hat, steuert die Dame mit dem Pseudonym Rebecca keine Absteigen mehr an.

Harald, der Zweite, weiß ganz genau, wen er vor sich hat, und es stört ihn nicht weiter – der Polizei gegenüber besteht er darauf, sich mit seiner Frankfurter Geliebten niemals in die Öffentlichkeit gewagt zu haben. Gemeinsame Treffen außerhalb Frankfurts habe er abgelehnt – auch am 23. Oktober, als er sie zum letzten Mal besucht und dann ins Elsass weiterreist. Sie will ihn begleiten, er flüchtet in die Notlüge: Er müsse zurück nach Essen und könne erst am 1. November wieder in Frankfurt sein. Am 26. telefonieren sie noch einmal, er vertröstet sie auf unbestimmte Zeit. Tragische Fußnote: Vielleicht wäre Rosemarie Nitribitt nicht ermordet worden, hätte sie Frankfurt im grauen Jaguar ihres Freundes Richtung Frankreich verlassen können.

Der Mann richtet sich in der Wohnung seiner blonden Freundin häuslich ein. Er hinterlässt in der Stiftstraße 36 nicht nur zahllose Fingerabdrücke, sondern schenkt Rosemarie Nitribitt auch sämtliche Bilder an den Wänden ihrer Wohnung: Er hängt sie dort eigenhändig auf. Von Bohlen und Halbach bringt kartonweise Rotwein mit, dessen Etiketten das auffällige Signet der Krupp-Konzernkellerei tragen, widmet Rosemarie einen Band mit Liebesgedichten des Schriftstellers Rudolf G. Binding („Reitvorschriften für eine Geliebte") und legt ein Kindheitsbild bei, das ihn im Matrosenanzug zeigt. Er schenkt ihr Tiroler Trachtenhüte, Fotoalben, eine Schweizer Sportuhr (Wert 250 Mark), ein Schmuckköfferchen und, tatsächlich, einen Werkzeugkasten.

Wenn Harald und Rosemarie zusammen sind, stellt sie ihr Telefon auf den postalischen Auftragsdienst um und macht – bis auf wenige Ausnahmen – nicht auf, wenn es an der Tür klingelt. Besuch, der sich nicht abwimmeln lässt, fertigt sie im Flur ab, das Öffnen der Wohnzimmertür ist tabu. Auf dem grünen Ohrenbackensessel im Wohnzimmer darf – so sagt Rosemarie Nitribitt – niemand außer Harald sitzen, dem Feinsinnigen, dem Klassik- und Jazz-Liebhaber, der sich offenbar weder an den Spermaflecken auf dem Polster noch an der Nachbarschaft eines kitschigen Zierpüppchenpaares stört, das auf den Lehnen sitzt. Schockiert ist er erst, als ihn seine Freundin ernsthaft mit dem Wunsch nach Heirat und Familie konfrontiert. Dafür, sagt er ihr, müsse man wohl zum Mond reisen. Aber er erhält die Beziehung aufrecht, wobei er gegenüber der Polizei betonen wird, dass es keineswegs bei jedem Besuch zum Geschlechtsverkehr gekommen sei.

Der erste Harald dagegen hat wie viele Kenner des Frankfurter Nachtlebens offenbar kein Problem, sich in Rosemaries Gesellschaft zu zeigen. Sie taucht sogar auf einer seiner legendären Partys in Bad Homburg, im weitläufigen Anwesen Am Zollstock 8-10 auf. Dort feiert Harald Quandt gerne mit seinen Kumpels aus dem Jetset: Selbst „Der Spiegel" berichtet mit leiser Bewunderung über die barocken Feste, bei denen sich die Brüder Sachs und der Boxprofi Bubi Scholz in der 300 Quadratmeter großen Wohnhalle treffen. Für Musik sorgen vier versteckte Jukeboxen, die sich über die hauseigene Telefonanlage bedienen lassen.

Harald, einer von zwei Söhnen des Konzerngründers und Multimillionärs Günther Quandt, ist zwölf Jahre älter als seine Freundin Rosemarie und, wie es im jovialen Jargon der deutschen Wunderjahre heißt, kein Kind von Traurigkeit. Das mag für die 50er Jahre gelten, aber nicht für seine Jugend. „Harald Quandts Leben lässt sich als eine Aneinanderreihung von Brüchen beschreiben", wird später sein Biograf Rüdiger Jungbluth bilanzieren – und aufzählen: „Die Scheidung der Eltern, der Tod der Mutter, der Verlust der sechs Halbgeschwister. Der Wechsel von jugendlicher Kriegsbegeisterung zu völliger Desillusionierung, von der Bewunderung für den mächtigen Stiefvater bis hin zur bitteren Erkenntnis, im Haus eines der größten Verbrecher der deutschen Geschichte aufgewachsen zu sein. Es gab (...) nichts, woran er wirklich anknüpfen konnte". Denn Harald Quandt ist nicht nur Millionenerbe und Teilhaber eines Imperiums aus rund 50 Unternehmen: Er ist auch das einzige überlebende Kind der Magda Goebbels, geborene Ritschel, geschiedene Quandt, und damit der Ziehsohn des Reichspropandaministers Joseph Goebbels.

Magda Goebbels, Jahrgang 1901, ist die wohl schillerndste Frauenfigur des „Dritten Reichs". Sie wächst als höhere Tochter auf, gibt sich selbstbewusst und kultiviert. Während einer Zugfahrt lernt die 18-Jährige den 20 Jahre älteren Günther Quandt kennen, der sich – seit kurzer

Zeit Witwer – in sie verliebt. Sie heiraten 1921, kurz darauf wird Sohn Harald geboren. Aber die Ehe des ungleichen Paares hält nicht: Nachdem sie eine Affäre mit einem jüdischen Jugendfreund hatte, setzt Günther Quandt seine junge Ehefrau 1931 auf die Straße. Sie gilt nach damaligem Scheidungsrecht als schuldiger Teil ohne Anspruch auf Apanage, setzt ihre Forderungen jedoch mit erpresserischer Hilfe um: Sie hat ihrem Mann alte Liebesbriefe mit verfänglichem Inhalt aus dem Schreibtisch gestohlen. Damit sichert sich Magda Quandt einen monatlichen Unterhalt von 4000 Reichsmark – und das Sorgerecht für ihren Sohn.

Noch im gleichen Jahr schließt sich die blonde Alleinerziehende der NSDAP-Bewegung an, wird Mitglied der Ortsgruppe Berlin-Westend und beginnt, ehrenamtlich im Sekretariat des stellvertretenden Gauleiters Joseph Goebbels zu arbeiten. Der notiert bereits am 15. Februar 1932 in seinem Tagebuch: „Abends kommt Magda Quandt. Und bleibt sehr lange. Und blüht auf in einer berückenden blonden Süßigkeit. Wie bist du meine Königin?" Bereits wenige Monate später sieht sich Goebbels als Erzieher des kleinen Harald. Er werde noch einen brauchbaren Jungen aus ihm machen, vermerkt er in seinem Tagebuch. Quandt-Biograf Jungbluth: „Gobbels scheute sich nicht, den Stiefsohn so zu präsentieren, als wäre er sein eigenes Kind. Er setzte den Jungen für seine Zwecke ein, wann immer sich eine Gelegenheit bot".

Das Verhältnis trübt sich ein, als Harald Quandt kurz nach dem Abitur seine ersten Kriegserfahrungen macht. Als Arbeitsdienstmann nimmt der 17-Jährige am Polenfeldzug teil, es kommt während seiner Heimatbesuche in Berlin offensichtlich zum Streit über das brutale Vorgehen von Wehrmacht und SS gegen die Zivilbevölkerung. „Harald benimmt sich skandalös", schreibt Goebbels in seinem Tagebuch. Nach einem Praktikum in der väterlichen Lokomotivenfabrik meldet sich Harald Quandt als Freiwilliger zu den Fallschirmjägern. Ob er den Entschluss tatsächlich aus freien Stücken trifft, ist schwer zu beurteilen; Goebbels

Letztes Geleit. Es ist eine überschaubare Trauergesellschaft, die am 11. November 1957 in Düsseldorf zusammentrifft. Hinter dem Sarg: Rosemarie Nitribitts Mutter (im schwarzen Mantel), daneben ihre Schwester Irmgard.

zumindest wünscht, dass sein Stiefsohn nicht im Quandt-Konzern tätig wird, sondern die Offizierslaufbahn einschlägt. Selbst entscheiden kann Harald zwei Jahre vor Erreichen der Volljährigkeit nicht. Günther Quandt nennt Harald „Vati", Goebbels abschätzig „den Kleenen", doch der Propagandaminister und Haralds Mutter besitzen das Sorgerecht. Ein Versuch Günther Quandts, diese Entscheidung juristisch anzufechten, scheitert bereits Anfang der 30er Jahre: Das Gericht weigert sich, eine Klage gegen Goebbels auch nur anzunehmen.

Harald Quandt erlebt die Geburt von sechs Halbgeschwistern, die ihn, den großen Bruder, anhimmeln. Es bleibt ihm gleichzeitig nicht verborgen, wie die Ehe seiner Mutter mit Joseph Goebbels unter dessen ständigen Affären leidet und letztlich nur durch ein Machtwort Hitlers weiterbesteht. Harald legt sich offenbar immer wieder mit dem ranghöchsten Propaganda-Experten des Reichs an: 1943 etwa bringt er Goebbels mit seiner Prognose in Rage, der Krieg werde noch mindestens zwei Jahre dauern. Im Jahr darauf gerät er bei Bologna in britische Kriegsgefangenschaft und wird in ein libysches Lager gebracht. Dass sich Magda und Joseph Goebbels am 1. Mai 1945 umgebracht haben, dass seine Mutter zuvor die sechs gemeinsamen Kinder mit Blausäure vergiftet hat, hört er dort im Radio. Im Kriegsgefangenenlager erhält er später auch den Abschiedsbrief seiner Mutter, Datum vom 28. April 1945: „Die Welt, die nach dem Führer und dem Nationalsozialismus kommt, ist nicht mehr wert, darin zu leben, und deshalb habe ich auch die Kinder hierher mitgenommen. Sie sind zu schade für das nach uns kommende Leben, und ein gnädiger Gott wird mich verstehen, wenn ich selbst ihnen die Erlösung geben werde. Du wirst weiterleben, und ich habe die einzige Bitte an Dich: Sorge dafür, dass durch Dein Leben unser Tod nicht umsonst gewesen ist".

Die Vergangenheit lastet als Hypothek auf Harald Quandts weiterem Leben. Nach dem Tod des Vaters im Jahr 1954 teilt er sich mit Halbbruder Herbert die Führung des Familienkonzerns. Herbert, der Ältere, kümmert sich um das Automobil-, Batterie- und Kaligeschäft, Harald um die Beteiligungen im Metall- und besonders im Rüstungsbereich. Als Vorstandsvorsitzender der Industrie-Werke Karlsruhe steht er einer der bedeutendsten Waffen- und Munitionsfabriken der Adenauer-Republik vor. Nach außen ist Harald Quandt ein Mann der krachenden Partys, ein Kumpeltyp mit herzlichem Humor, ein virtuoser Techniker, ein freundlicher Verrückter, der einen Mitarbeiter alleine zum Ausbau seiner Modelleisenbahnanlage beschäftigt. Die Frankfurter Journalistin Helene Rahms beschreibt in einer Reportage der „Frankfurter Allgemeinen Zeitung" einen anderen Partygänger Harald Quandt: „Zwischen den angeregten, heiteren Gesichtern starrte eins, mondbleich, in die Runde, unbewegt, still, mit wässrig hellen Augen... Mir schien es, als zucke hinter den wächsernen Zügen ein fernes Wetterleuchten. (...) Wie sollte er sich unbefangen bewegen?"

Tatsächlich läuft in seinem Privatleben nicht alles glatt: Seine Frau Inge, mit der er seit 1950 verheiratet ist, kommt mit dem Cinemascope-Format des gemeinsamen Lebens nicht zurecht. Sie haben fünf Kinder, Fotos zeigen eine strahlende Wirtschaftswunder-Familie, aber Harald Quandts Frau fühlt sich offenbar überfordert. Sie nennt ihn „Pappi", fordert mehr Zuwendung, als er geben kann. Harald und Inge Quandt pflegen die Fassade, gehen aber längst eigene Wege.

Dass Harald Quandt zu Rosemarie Nitribitts Freunden gehört, bestätigen die Ermittlungsakten der Kriminalpolizei. Sie sind allerdings, wie es in den 90er Jahren zuerst die Frankfurter Journalistin Helga Dierichs herausfinden wird, irgendwann um einige hundert Seiten reduziert worden: Dem Aktenbestand des Hessischen Hauptstaatsarchivs in Wiesbaden fehlen unter anderem die Vernehmungsprotokolle Harald Quandts. Dass ihn die Ermittler nach dem Tod der Rosemarie Nitribitt im Blick haben, lässt sich jedoch nachweisen: Einmal ist von einem Freund der Ermordeten die Rede, „einem Mann aus Bad Homburg mit den Initialen H.Q.", den eine Freundin der Rosemarie Nitribitt in deren Wohnzimmer getroffen hat. Ein anderes Mal berichtet ein Pharmaunternehmer aus dem Großraum Frankfurt („Personalien bekannt"), dass „die Nitribitt bemüht war, Bekannte aus meinem Kreise kennenzulernen". Sie habe solche Bekanntschaften auch gemacht. „Es handelt sich hier um den Diplom-Ingenieur Harald Quandt".

An Rosemarie Nitribitts Partybesuch in Bad Homburg erinnert sich viele Jahre später ein anderer Gast: „Ihr Auftritt hätte nicht mehr Aufsehen erregen können, als wenn sie direkt mit ihrem Mercedes auf der Tanzfläche vorgefahren wäre. Man munkelte, wer sie war, manche Herren verließen das Fest auch diskret früher, obwohl sie doch recht bürgerlich aussah", gibt Gunter Sachs zu Protokoll, damals 24 Jahre alt, noch nicht lange mit einer Französin verheiratet, Student der Mathematik und einige Seite-eins-Schlagzeilen vom späteren Ruhm des Berufsplayboys entfernt.

Auch ihn befragt nach Rosemarie Nitribitts Tod die Kriminalpolizei. Oder auch nicht: „Nach zehn Minuten Routinefragen interessierten sich die Herren mehr für die Direkteinspritzung meines Mercedes 300 SL Flügeltürers", erinnert er sich Jahrzehnte später in einem Interview mit der Zeitschrift „Bunte". Vielleicht auch deshalb ist seine Aussage, geführt unter der Nebenspur 251c, ebenfalls nicht mehr in den archivierten Akten erhalten. Dennoch gibt es Hinweise darauf, bis in welche Einzelheiten Gunter Sachs im Herbst 1957 das Aussehen der Rosemarie Nitribitt kennt. Überliefert ist zudem die Aussage seines Bruders Ernst-Wilhelm („Ernstl"): Auch er, das lässt sich belegen, trifft sie nicht nur an der Bar des gemeinsamen Societykumpels Harald.

Gunter Sachs verlässt die Party in Bad Homburg nicht alleine, sondern in Begleitung von Rosemarie Nitribitt und ihrer Freudin Inge. Und die packt, von der Kriminalpolizei befragt, ebenso aus wie der Industriellensohn aus der fränkischen Provinz. Übereinstimmend sagen sie aus, dass es an diesem Abend nicht beim Smalltalk bleibt und Gunter Sachs der Rosemarie kein Geld bezahlt habe. Im Gegenteil: Gunter hat kein Auto dabei, will aber aus Frankfurt zurück nach Bad Homburg. Seine Begleiterinnen geben ihm 20 Mark fürs Taxi.

Fotos seines älteren Bruders Ernst-Wilhelm findet die Polizei zu Beginn der Ermittlungen in der Stiftstraße 36; ein weiteres taucht, vorsichtshalber zerrissen, im Besitz von Rosemarie Nitribitts Putzfrau auf. Und zudem enthält der Nitribitt-Nachlass eine professionell aufgenom-

Ein Mann mit den Initialen H.Q.: So steht es in den Ermittlungsakten, und gemeint ist Harald Quandt, bei dem Rosemarie Nitribitt sogar auf einer Hausparty erscheint. Die Akten sind nicht mehr komplett, unter anderem fehlt auch Quandts Vernehmungsprotokoll.

mene Fotoserie, die Ernstls Privatwohnung in der Schweinfurter Frankenstraße zeigt. Die Einrichtung mit Stilmöbeln und allerlei Wirtschaftswunder-Kitsch ähnelt dem Geschmack der Ermordeten: Die Bilder dienen Rosemarie Nitribitt offenbar ebenfalls als Vorlage, als sie im Herbst 1955 ihr eigenes Appartement einrichtet.

Sie ist bei ihm gewesen, das gibt Ernst-Wilhelm Sachs bei der Vernehmung durch die Schweinfurter Kripo zu. Er habe sie 1953 oder 1954 in der Bar eines Wiesbadener Luxushotels kennen gelernt, wo sie im schwarzen Opel Kapitän vorgefahren sei und behauptet habe, verheiratet zu sein. Das stört ihn nicht, er folgt ihr in die Feuerbachstraße, wo es an diesem Abend anscheinend keine Zeugen gibt, und schließlich fährt die neue Bekanntschaft mit ihm nach Schweinfurt, wo sie mehrere Tage in seiner Wohnung bleibt und – „selbstverständlich" – auch übernachtet. „Das Verhältnis zwischen der Rosemarie Nitribitt und mir beruhte einzig und allein auf einer erotischen Grundlage, ohne jegliche ernste Absichten", gibt er später zu Protokoll und beharrt darauf, seit Herbst 1955 jegliche Beziehungen zu Rosemarie Nitribitt aus Frankfurt abgebrochen zu haben.

Keiner der Ermittler hält ihm vor, dass die Polizei bereits eine Woche nach dem Tod von Rosemarie Nitribitt andere Erkenntnisse gewonnen hat: Eine Freundin der Ermordeten erkennt den Mann auf dem gefundenen Foto sofort; sie weiß, dass Rosemarie ihn zärtlich „Ernstl" gerufen und „sehr verliebt" in ihn gewesen sei. Vor allem aber hat der Unternehmersohn aus Schweinfurt die Verbindung zumindest im Sommer 1956 noch nicht gelöst: Denn da, so erinnert sich die Zeugin, sitzt er mit ihr und Rosemarie noch im Frankfurter Restaurant „Bruno". „Bruno" ist,

Triumph krönt die Figur. Wer in den 50ern lebte, kennt den legendären Werbeslogan. Als Unterwäsche-Modell hat Rosemarie Nitribitt schon in Düsseldorf gejobbt: Dieses Foto, das vor ihrem Frankfurter Wohnzimmerfenster entsteht, lässt sie offenbar machen, um sich als Mannequin zu bewerben.

wie die Ermittler festhalten, auch das Codewort, das Rosemarie Nitribitt beim telefonischen Auftragsdienst der Deutschen Bundespost benutzt. Ernst-Wilhelm Sachs ist bei der Polizei bereits nach zwei kurzen Befragungen aus dem Schneider, und sein Bruder Gunter gibt in Interviews noch Ende der 90er Jahre Erstaunliches zu Protokoll: „Ich glaube nicht, dass er sie kannte".

Nebenbei: Die Brüder Sachs gehören ebenfalls zu den Söhnen aus bestem Hause, die in ihrer Jugend das Elend einer zerrütteten Familie erleben. Als sich ihre Mutter Elinor, eine geborene von Opel, 1935 von ihrem Mann, dem Unternehmenserben Willy Sachs, scheiden lässt, bricht zwischen den beiden ein beispielloser Rosenkrieg aus. Als sie Schloss Mainberg, den Familiensitz bei Schweinfurt, verlässt, lässt sie die Innenausstattung bis hin zu den Wandverkleidungen und Deckenintarsien demontieren. Vor ihrem Mann, NSDAP-Mitglied seit 1933 und Jagdgenosse prominenter Nazis wie Hermann Göring und Heinrich Himmler, flüchtet sie mit ihren beiden Söhnen in die Schweiz.

Weil ihr gerichtlich nur das Sorgerecht für den jüngeren Gunter zugesprochen ist, mobilisiert Willy Sachs höchste Gestapo-Kreise. Er bringt es dabei zu einem Versuch der NS-Funktionäre, die Unternehmerkinder auf dem neutralen Boden der Schweiz entführen zu lassen. Das Kidnapping scheitert an aufmerksamen Nachbarn und dem tumben Vorgehen der Gestapo-Greifer. Willy Sachs gelingt es nach Kriegsende, aus dem Spruchkammerverfahren der Alliierten mit der harmlosen Einstufung des „Mitläufers" hervorzugehen, wird von einem Mitwisser jedoch noch jahrelang erpresst und zermürbt. Auch das treibt ihn nach Recherchen des Sachs-Biografs Wilfried Rott 1958 in den Selbstmord. Rott macht im Übrigen auch in Schweinfurt noch Zeitzeugen ausfindig, die

Sie könnte auch eine höhere Tochter sein. Manche Männer, die sie privat kennenlernt, fallen aus allen Wolken, als sie von Rosemarie Nitribitts Tätigkeit hören. Privatfoto aus ihrem Nachlass, wohl aus dem Frühjahr 1957.

sich gut an die Telefonate des jungen Chefs mit seiner Frankfurter Freundin erinnern. Im Zeitalter der handvermittelten Gespräche kann das Fräulein vom Amt problemlos mithören.

Es gibt aber auch prominente Besucher der Rosemarie Nitribitt, die Jahre nach dem Mord gesprächig werden. Zu denen gehört der populäre Rennfahrer und Porsche-Rennleiter Fritz Huschke von Hanstein, der sich Mitte der 90er Jahre im Gespräch mit seinem Biografen Tobias Aichele daran erinnert, von Rosemarie Nitribitt erpresst worden zu sein. Sie sei, so berichtet er, während des Eifelrennens 1957 im Fahrerlager des Nürburgrings aufgetaucht und habe ein Rendezvous mit zwei Mitgliedern der Porsche-Rennmannschaft gefordert. Falls das Treffen nicht zustande käme, werde sie die Notizen über Porsche-Fahrer ihres Freundeskreises veröffentlichen. Die Erzählung hat für sich, dass sie sich mit anderen Berichten über das mitunter durchaus fordernde Naturell der Rosemarie Nitribitt deckt. Sie hat aber auch den Makel, dass sich Huschke von Hanstein, der als „Rennbaron", PR-Genie und Förderer von Nachwuchssportlern in die Automobil-Annalen eingeht, im Juni 1959 gegenüber der Kriminalpolizei sehr viel einsilbiger äußert. Vor allem redet er erst, als man ihn mit Nachdruck dazu auffordert.

Denn keineswegs ist es so, dass von Hanstein „ihre Bekanntschaft lieber vermieden hätte", wie sein Biograf später taktvoll festhalten wird. Auch der Rennbaron gehört zu ihren zahlenden Kunden, mit deren Befragung sich die Frankfurter Kriminalpolizei teilweise reichlich Zeit lässt. Erst im Februar 1959 ist dem ermittelnden Kriminalmeister etwa die geschäftliche Telefonnummer von Hansteins bekannt, obwohl ein

Unter Brüdern. Gunter und Ernst-Wilhelm Sachs (hier mit Ehefrau) kennen Rosemarie Nitribitt nicht nur vom Sehen, beide werden von der Frankfurter Kriminalpolizei vernommen. „Zehn Minuten Routinefragen" hätten in seinem Fall dafür gereicht, wie sich Gunter Sachs später an den Termin im Präsidium erinnert.

Anruf in der Zuffenhausener Unternehmenszentrale genügt, um die Durchwahl herauszufinden. Von Hanstein, dessen Dienst-Porsche die Kennzeichen-Kombination S-EX trägt, berichtet später von der üblichen Kontaktaufnahme Rosemarie Nitribitts vor dem Haupteingang des „Frankfurter Hof", von seinen Besuchen in ihrer Wohnung, von Geschenken, die er dabei gehabt hat („nichts Besonderes, vielleicht ein Füllfederhalter oder ein Feuerzeug") – und davon, dass er Rosemarie Nitribitt auf ihren Wunsch an einem Samstag im Mai 1957 den italienischen Rennfahrer Umberto Maglioli zuführt. Der Porsche-Manager macht sich die Mühe, dafür eigens nach Frankfurt zu fahren, wo seine blonde Bekannte ganz entzückt ist, Maglioli dagegen nach 15 Minuten aus der Wohnung flüchtet. Er ist in diesen Tagen Vater geworden und offensichtlich nicht an einer Affäre interessiert.

Von Hanstein dagegen bleibt länger, und er löst die Verbindung nach eigener Aussage erst, als ihm Rosemarie Nitribitt am ersten August-Wochenende 1957 an den Nürburgring hinterherreist. Dort, am Vorabend des 19. Großen Preises von Deutschland, kommt er in Bedrängnis, weil ihn seine Ehefrau begleitet. Mit Mühe gelingt es ihm, seine blonde Freundin abzuwimmeln: Er empfiehlt sie den damals berühmten Rennfahrerkollegen Mike Hawthorn und Peter Collins. „Das ist Rosemarie, sie vergnügt sich gern", sagt er und platziert die Verfolgerin am Tisch der beiden Ferrari-Piloten. Hawthorn, der zu jener Zeit als wüster Womanizer gilt, gibt im Dezember 1958 zu Protokoll, nach dem Abendessen mit ihr im 190 SL zum Hotel gefahren zu sein und sie dort ehrenhaft verabschiedet zu haben. Dass sie seine komplette Heimatadresse besessen hat, bringt ihn zwar in Verlegenheit, nicht aber dazu, seine Aussage zu erweitern. Bald darauf steht er nicht mehr für Rückfragen zur Verfügung: Am 22. Januar 1959, keine sechs Wochen nach dem Verhör bei Scotland Yard, lenkt er seinen privaten Jaguar bei London gegen einen Alleebaum. Hawthorn ist auf der Stelle tot.

Lückenhafte Erinnerung. Huschke von Hanstein (am Auto), Mitte der 50er Jahre auf dem Frankfurter Flughafen. Der Porsche-Rennchef hat 1957 eine Liaison mit Rosemarie Nitribitt – und berichtet viele Jahre später seinem Biografen, dass sie versucht hat, ihn zu erpressen. Der Kripo sagt er das Mitte 1959 natürlich nicht.

Noch in den 80er Jahren wird der Frankfurter Kriminaldirektor Albert Kalk gegenüber der Presse behaupten, „ein Sparkassendirektor aus Bad Homburg" sei der prominenteste Freund der Ermordeten gewesen. Kalk lügt, das zeigt selbst das Studium der gefledderten Ermittlungsakten. Neben den Trägern großer Namen, die heute als Personen der Zeitgeschichte genannt werden dürfen, finden sich Hinweise auf zahlreiche andere Mitglieder der besten 50er-Jahre-Gesellschaft. Sie sind als Produzenten populärer Medizinprodukte oder Erfrischungsgetränke bekannt, sie tragen Adelstitel oder betreiben Tankstellennetze, sind in den 50er Jahren bekannte Helden des Sports, Honorarkonsuln oder befehligen ein stramm konservatives Medienunternehmen. Einige von ihnen werden später Milliardäre und Ehrenbürger ihrer Heimatstädte sein.

Die Mitglieder der Hautevolee haben gemeinsam, in den Augen der Kripo völlig unverdächtig zu sein. Für die Ermittler kommt nur ein Raubmord in Frage, weil in Rosemarie Nitribitts Wohnung offenbar eine größere Menge Bargeld fehlt. Keiner der Kriminalbeamten kommt auf die Idee, dass zuerst ein Mörder in der Wohnung gewesen sein könnte und nach ihm ein Dieb. Oder dass auch ein Milliardär die Barschaft geraubt haben könnte, um eine falsche Fährte zu legen. Oder dass womöglich der Dieb den Mörder ertappt hat und sich jetzt mit gutem Grund ängstigt. Statt dessen muss Rosemarie Nitribitts Mörder in den Augen der Kriminalpolizei in Geldschwierigkeiten sein: Das trifft auf die besser gestellten Freunde der Toten nicht zu. Ihre Aussagen gelten polizeiintern als Nebenspuren, deren Verfolgung die Frankfurter Kriminalpolizei „für Zeitverschwendung" hält: So sagt es später Helmut Konrad, Leiter der Mordkommission, als er dem Gericht einen Tatverdächtigen präsentiert. „Das Mädchen hat ihren reichen Freunden doch Freude geschenkt", wird er Jahre später in einem Fernseh-Interview sagen. „Das wäre doch ein schlechter Dank gewesen". Offenbar meint der alte Herr das völlig ernst. Oder spielt er noch Jahrzehnte später den Naiven?

Abgesehen davon, dass die Polizei nicht mehr rekonstruieren kann, wann Rosemarie Nitribitt ihren Mörder empfangen haben muss: Die prominenten Freunde haben es denkbar einfach, ein Alibi vorzuweisen. Es reicht den Beamten, wenn Hausangestellte oder Untergebene die Anwesenheit bestätigen. Und: Es wird ihnen polizeilich unterstellt, nachts selbstverständlich zu Hause gewesen zu sein. Das gilt gleichermaßen für die Junggesellen Harald von Bohlen und Halbach und Ernst-Wilhelm Sachs. Beide sind versierte Autofahrer und im Besitz leistungsstarker Sportwagen: Der Essener hat einen Jaguar XK, der Schweinfurter einen Mercedes 300 SL. Auf den leeren Autobahnen der 50er Jahre könnten beide in wenig mehr als drei Stunden in die Frankfurter City fahren. Nächtliche Besuche in Frankfurt aber schließt die Kriminalpolizei aus. Und generell reisen die hessischen Beamten nicht selbst an die Wohnorte der reichen Freunde Rosemaries, sondern überlassen das Überprüfen von Alibis der dortigen Polizei.

Ein Fürst, den Rosemarie Nitribitt mit überraschenden Telefonaten genervt hat, obwohl er ihr niemals seine dreistellige Rufnummer genannt haben will, wird vom Polizeiobermeister des örtlichen Landespolizeipostens vernommen, denn er hat seinen Wohnsitz in der tiefsten Provinz. Dort ist er der größte Arbeitgeber der Region, „zeigte sich (...) sehr ungehalten" und kommt vor dem völlig eingeschüchterten Polizeibeamten problemlos damit durch, erst überhaupt keine und dann unbrauchbare Handflächenabdrücke abzuliefern – die Kollegen in Frankfurt lassen es dabei ebenso bewenden wie mit seinem Alibi: Der Adelsmann gibt an, „um die Zeit des 29. Oktober 1957" in Wien gewesen zu sein, muss das aber nicht belegen. Einem Verleger aus Niedersachsen, der in eigenhändig verfassten Tageszeitungskommentaren gerne Zucht und Ordnung beschwört, reicht zum Beweis seiner Aufenthalte die Fotokopie seines Terminkalenders, Blatt vom 29. Oktober, aus. Und Fritz Huschke von Hanstein, der sich nach eigenen Angaben auf Dienstreise im Ausland befunden hat, muss dafür keine Belege vorweisen, sondern nur ein hektografiertes Blatt des Porsche-Pressedienstes. Die Pressemitteilung hat von Hanstein selbst diktiert – am 25. Oktober 1957.

Nicht jeder, der Rosemarie Nitribitt kannte, trifft im Verlauf der Ermittlungen auf Polizeibeamte mit Glacéhandschuhen. Eine Ermittlungspanne, die tödlich endet, wird dabei als eine Art bedauerlicher Betriebsunfall behandelt (siehe folgendes Kapitel). So kleinkariert, so spießig und obrigkeitshörig, wie die 50er Jahre später im vereinfachten Rückblick wirken werden, verlaufen fast alle Versuche, den Tod der Rosemarie Nitribitt aufzuklären.

Von ihren vermögenden Freunden lebt während der Recherchen des Autors nur noch Gunter Sachs, der eine Anfrage im Jahr 2001 zwar spontan mit einem Interviewangebot beantwortet („Angeklagte dürfen lügen"), später aber alle Kontaktaufnahmen ignoriert.

Ernst-Wilhelm heiratet 1957, wird anders als Gunter im Familienunternehmen aktiv und steigt 1965 zum Vorstandsvorsitzenden der Firma Fichtel & Sachs auf. Schon zwei Jahre später verlässt er die Geschäftsführung wieder und fungiert wie sein jüngerer Bruder als stellvertretender Aufsichtsratsvorsitzender. Damalige Chronisten sagen ihm „einen Hauch von Naivität" und „mangelnde Härte gegen sich selbst" nach. Seine Ehe, aus der drei Töchter hervorgehen, scheitert 1973. Ernst-Wilhelm Sachs stirbt am 11. April 1977, als ihn beim Skifahren in den französischen Alpen auf 3000 Metern Höhe eine Lawine verschüttet.

Auch Harald Quandt wird nicht alt. Der leidenschaftliche Flieger verunfallt 1965 zum ersten Mal mit seinem Lear-Jet: Auf dem Flughafen Zürich-Kloten misslingt ihm ein Start, das Flugzeug zerschellt an einem Zaun; Quandt kommt mit Verletzungen davon. Zwei Jahre später, am Abend des 22. September 1967, bricht er mit einer Maschine des Typs Beechcraft King Air zusammen mit seiner Freundin und vier weiteren Personen von Frankfurt nach Nizza auf. Der letzte Funkspruch kommt gegen 22.50 Uhr aus der Nähe von Heidelberg, danach meldet sich die Maschine nicht mehr. Ein Schäfer findet sie am kommenden Morgen völlig zerstört in den Bergen bei Saluzzo im Piemont. Alle sechs Insassen sind tot. Die Untersuchung ergibt, dass sich eine Lötstelle am Hauptschalter für Funksprechanlage und Funknavigation gelöst hatte. Die Insassen der Beechcraft müssen – ohne Möglichkeit zur Orientierung – geglaubt haben, die Lichter von Nizza zu sehen, waren aber in der Nähe von Turin und rechneten bei ihrem Landungsversuch nicht mit den letzten Ausläufern der Alpen.

Harald von Bohlen und Halbach kann seine Liaison mit Rosemarie Nitribitt nach deren Tod vor den Mitgliedern seiner Familie nicht mehr geheim halten. Eine Tageszeitung will zu Beginn der 60er Jahre wissen, dass sein Bruder und Konzernchef Alfried den Plan hatte, Harald „wegen

seiner Eskapaden nach Südamerika abzuschieben". Obwohl er eine Ent-
tarnung auch in der Öffentlichkeit befürchtet, kommt sein Name erst in
den 90er Jahren ans Tageslicht. „Jetzt kann man es ja sagen, der Mann ist
ja tot", kommentiert Frankfurts Polizeichef Albert Kalk.

Harald von Bohlen und Halbach heiratet im August 1960 eine 26-jäh-
rige Fabrikantentochter aus Wuppertal. „Jahrelang hatte das Ruhr-Revier
auf seine Hochzeit gewartet", merkt die Illustrierte „Quick" nach der Trau-
ung maliziös an. Er erliegt am 6. November 1983 im Essener Alfried-
Krupp-Krankenhaus einer Virusinfektion, die er sich während einer Kreuz-
fahrt in der Ägäis zugezogen hatte. Harald von Bohlen und Halbach wird
als eines der letzten Mitglieder der Krupp-Dynastie in der Familiengrab-
stätte auf dem Städtischen Friedhof in Essen-Bredeney beigesetzt.

Ein Zaun trennt die Ruhestätte, die von Friedrich Alfred Krupps
monumentalem Grabmal aus schwarzem Marmor dominiert wird, vom
Rest des Friedhofs. Rosemarie Nitribitts Reihengrab auf dem Düsseldorfer Nordfriedhof liegt nur rund 30 Kilometer entfernt. So nah und so
fern – das wenigstens passt zu ihrer eigenartigen Liaison.

III. Nebenspuren und andere Kleinigkeiten

„Man arbeite, wie man will, so hat man doch keinen Gewinn davon. Ich sah die Mühe, die Gott den Menschen gegeben hat, dass sie darin geplagt werden."

Prediger 2, 9-10

Was würden sie Ende 1957 dafür geben, die Vertreter der Presse, einen Blick ins Adressbuch der Rosemarie Nitribitt werfen zu dürfen. Denn natürlich sorgt ihr Name für Rekord-Verkaufszahlen. Das ist er, der größte Aufreger des Jahres, des ganzen Jahrzehnts vielleicht: Der Mord beherrscht wochenlang die Titelseiten und verdrängt dort sogar den Raumfahrt-Erfolg der Russen, die kurz zuvor ihren Sputnik ins All geschossen haben. Nitribitt-Witze haben in diesen Tagen Konjunktur, einer der niveauvolleren geht so: „Wie, sie wollen zur Frankfurter Allgemeinen? Die ist doch ermordet worden". Und auf dem Weihnachtsmarkt der Mainmetropole sind im Dezember Lebkuchenherzen mit der Aufschrift „Nitribitt II" der große Verkaufsrenner.

Nitribitt und kein Ende. Dass sie sich einen „Hauslehrer für Französisch" hielt, womöglich eine Spionin des Ostens gewesen ist und das

Die Stammtankstelle. Hier, vor dem neu erbauten Parkhaus Hauptwache, taucht sie mit ihrem 190 SL bevorzugt in der Nacht auf, hat immer andere Männer dabei und lässt sich von ihnen die Benzinrechnung bezahlen. Meist ist der Tank nahezu leer; wenn es deshalb Diskussionen gibt, muss der Tankwart schlichten. Erst dann fährt Rosemarie Nitribitt mit ihren Freiern nach Hause.

Stöhnen ihrer Freier auf Tonband aufgezeichnet haben soll, das alles verkauft sich am Kiosk weit besser als die Raumfahrt der Russen. Dabei ist oft kein Wort wahr. Und, so diskret sind die Zeiten: Niemand nennt die Namen ihrer prominenten Freunde. Aber das Adressbuch gibt es, soviel bestätigt selbst die schweigsame Frankfurter Kripo. Sie hofft offenbar, dass sich bei der Polizei auch meldet, wer nur befürchtet, darin verewigt zu sein.

Überraschung in den Ermittlungsakten, fast fünf Jahrzehnte später: Ausgerechnet mit Rosemarie Nitribitts Adressensammlung beschäftigen sich die Ermittler sehr spät, erst gegen Ende ihrer Recherchen. Dabei enthält der lederne Heiligenkalender für das Jahr 1957 nur rund 60 Einträge, wie eine erste Aufstellung vom 2. November 1957 ergibt. Manche davon sind banal oder unbrauchbar, andere sehen die Ermittler wohl als unwichtig an. Dennoch: Mehr als ein Jahr nach Rosemarie Nitribitts Tod sind sie noch immer damit beschäftigt, die eingetragenen Namen zuzuordnen. Ein System ist dabei nicht zu erkennen, und in einem Fall hat die nachlässige Ermittlungsarbeit der Frankfurter Kriminalpolizei tödliche Folgen.

Der einzige Eintrag unter dem Buchstaben E lautet auf Rolf Endler, München/Düsseldorf. Eine Straße oder Telefonnummer hat Rosemarie Nitribitt wie häufig nicht notiert, zudem neigte sie dazu, Namen abzukürzen und zu verfremden. In Düsseldorf, so stellt die dortige Kriminalpolizei fest, gibt es keinen Mann dieses Namens. Die Münchner Beamten melden dagegen im Herbst 1958 einen Erfolg: Sie finden einen Rudolf Endler, Jahrgang 1900, verheiratet, Besitzer eines Lebensmittelgeschäfts in der Ismaninger Straße. Mehr, so wird das Frankfurter Polizeipräsidium später beteuern, hätten die Kollegen in München gar nicht unternehmen sollen. Ob das stimmt, lässt sich aus den Ermittlungsakten nicht rekonstruieren – fest steht, dass die Münchner Kripo dem bisher unbescholtenen Rudolf Endler aus der Ismaninger Straße fortan das Leben zur Hölle macht.

Sieben Wochen lang wird er Ende 1958 beschattet, immer wieder verhört und zwischendurch sogar kurz ins Untersuchungsgefängnis überstellt. Die Münchner Ermittler werfen ihm vor, laut Rosemarie Nitribitts Adressbuch der letzte Besucher in der Stiftstraße 36 gewesen zu sein – das stimmt zwar nicht, soll den Kaufmann aber scheinbar zu einem Geständnis bewegen. Dabei geht die Frankfurter Kriminalpolizei zum gleichen Zeitpunkt längst davon aus, den letzten Freier der Rosemarie Nitribitt befragt zu haben: Der hat sie am Nachmittag des 29. Oktober besucht, scheidet in den Augen der Beamten aber schon deshalb als Verdächtiger aus, weil er keine Geldprobleme hat.

Das gilt auch für Rudolf Endler, dessen Lebensmittelgeschäft neben ihm und seiner Ehefrau zwei Angestellte ernährt. Nur „Geld für so eine

Adressbuch der Stadt Frankfurt, Ausgabe 1956.
Wer die Fernsprechteilnehmerin Nitribitt unter
2 68 30 anruft und nicht sofort das Kennwort
„Rebecca" nennt, hört nur noch, wie sie auflegt.
Im Jahr darauf tarnt sie sich mit neuer Berufsangabe
– „Serviererin".

Luxusfrau" will er nach eigener Aussage nicht haben. Damit macht er sich in den Augen der Münchner Kriminalexperten verdächtig: „Eben – darum haben Sie sie auch ausgeraubt". Schon der Besitz eines VW-Transporters spricht gegen ihn: „Na also! Damit sind Sie dann über Nacht in Frankfurt gewesen. Am nächsten Morgen waren Sie schon wieder zurück". Das erste Verhör findet am 2. Dezember 1958 statt, einzelne Gespräche ziehen sich bis zu fünf Stunden hin. Fast täglich erscheinen Kriminalbeamte in seinem Geschäft, Endler wird für das Verbrecheralbum fotografiert, ihm werden Handflächenabdrücke abgenommen und, wie es für alle Verdächtigen gilt, zur Prüfung an die Frankfurter Polizei geschickt.

Die hält es aber anscheinend immer noch nicht für geboten, die Münchner Kollegen zu stoppen: Erst am 19. Januar 1959 tauchen zwei Kriminalbeamte bei dem Verdächtigen aus der Ismaninger Straße auf, gratulieren ihm und zünden vor seinen Augen die Karteifotos an. „Sie haben aber ein Mordsglück, Herr Endler", sagen sie jovial, „es ist alles in Butter. Jetzt können Sie wieder ruhig schlafen". Knapp zwölf Stunden später erliegt der Lebensmittelhändler in einem Münchner Krankenhaus einem Herzinfarkt. Eine offizielle Entschuldigung gibt es für Endlers Hinterbliebene offensichtlich nicht – weder aus München noch aus Frankfurt.

Das Chaos der Ermittlungen lässt sich am ehesten damit erklären, dass die Frankfurter Kriminalpolizei seit dem Zweiten Weltkrieg keinen Mordfall von ähnlicher Tragweite zu bearbeiten hatte. Das wohl aufsehenerregendste Delikt der vorherigen Jahre war 1956 der Mord an einem Friseur-Lehrmädchen aus Frankfurt gewesen, der 16-jährigen Gertrud „Änny" Müller, die in der Nähe des Hauptbahnhofs offenbar die Bekanntschaft eines unbekannten Ehepaares machte, abends nicht zu seinen Eltern nach Hause kam und erst Tage später erstochen und ausgeblutet in einem Waldstück bei Darmstadt aufgefunden wurde. Der Fall wird ebenfalls nie aufgeklärt. Der Mord an Rosemarie Nitribitt aber hat eine andere Dimension. Die Bekanntheit der Toten und die Prominenz ihrer Freunde, die Gier der Presse und absurdeste Gerüchte, der unverhohlene Ekel deutscher Feuilletons vor einer moralisch verkommenen Führungsschicht lasten auf den Ermittlern, die dem Druck der Öffentlichkeit hilflos gegenüberstehen.

Sie sehen vor lauter Fotos und Visitenkarten aus dem Nachlass der Toten kein Land mehr. Hinzu kommt eine Flut anonymer Bezichtigungen und Geständnisse, die unverkennbar von amokschreibenden Spießern oder fiebernden Spinnern stammen, aber trotzdem irgendwie bearbeitet werden müssen. So beschäftigt sich die Frankfurter Kriminalpolizei Mitte Dezember 1957 mit einem Schreiben aus dem norddeutschen Bad Schwartau, das nach Ansicht der dortigen Kripo durchaus ernst zu nehmen sei. Der Verfasser bekundet, Rosemarie Nitribitt umgebracht zu haben und sich nun im Beidendorfer See bei Lübeck das Leben nehmen zu wollen. Der See ist zugefroren, als das Schreiben eingeht; an eine Suche ist nicht zu denken. Kurze Zeit später meldet sich der anonyme Schreiber wieder, dieses Mal aus Hamburg: „Alles war vergebens. Sie war

Gewagter Blick ins Dekolletee. Schon die Fotoperspektive ist für damalige Begriffe frivol, die Lektüre dagegen konventionell: „Film und Frau", das edelste Modemagazin der jungen Republik. Privatfoto aus Rosemarie Nitribitts Wohnung.

Das letzte Kleid. Asservatenliste der Frankfurter Kriminalpolizei, 1960. Neben Rosemarie Nitribitts Bekleidung bewahren die Ermittler auch das Frottierhandtuch auf, das der Täter unter die blutende Kopfwunde der Toten legte – oder auch jemand, der kurz nach dem Mord an den Tatort kam.

meine Freundin, und ich habe sie erwürgt". Dann stellt er seine Korrespondenz ein.

Manche Spuren hält die Kripo für heiß, andere legt sie unbearbeitet ab, ein nachvollziehbares Entscheidungsraster gibt es nicht. Dem Pächter einer Frankfurter Tankstelle etwa fällt im Mai 1958 ein 100-Mark-Schein in seiner Kasse auf, der die Aufschrift „Nitribitt 57 43 34" trägt. Er löst damit umfangreiche, aber erfolglose Recherchen nach dem Inhaber der Telefonnummer aus, die nicht aus Frankfurt stammt. Völlig lässig geht die Mordkommission dagegen mit einem Anrufer um, der sich am Nachmittag des 2. November 1957 bei der Kriminalpolizei meldet und um sofortige Hilfe bittet: Er fahre in einem Opel Kapitän mit falschen Hannoveraner Kennzeichen den Anstifter des Mordes in Richtung der Autobahnauffahrt Frankfurt-Süd. Weil er seinen Namen nicht nennt, unternimmt der Kriminalsekretär am Telefon überhaupt nichts. Und weil außerdem das Kennzeichen in Hannover nicht ausgegeben ist und sich der Anrufer nicht wieder gemeldet hat, so die schriftliche Schlussfolgerung vom 16. April 1958 (sic!), wird es nicht so wichtig gewesen sein.

Fatalerweise ist anfangs selbst derjenige überfordert, der den Überblick am nötigsten hätte. Denn Polizeichef Albert Kalk überträgt die Mordsache dem bisherigen Chef des Einbruchsdezernats, der sich für höhere Aufgaben profilieren soll. Der ausgewiesene Experte für Pelzdiebstähle kommt, überwältigt von der Vielzahl einzelner Hinweise, ins Schwimmen. Nach zwei Wochen lässt er sich ablösen – da hat die Kriminalpolizei bereits wertvolle Zeit verloren.

Es fehlt generell an Arbeitskraft in diesen Tagen, die Ermittlungsakten zeigen es. Mitunter arbeiten Kollegen anderer Dezernate mit und führen Befragungen durch, ohne den jüngsten Stand der Ermittlungen zu kennen. Manche von ihnen sind selbst mit der korrekten Schreibweise des Namens Nitribitt überfordert, obwohl der fast täglich in der Zeitung nachzulesen ist. Auch eine systematische Ablage der Untersuchungsergebnisse findet nicht statt: „Die gesamte Akte ist weder nach zeitlichen noch anderen Gesichtspunkten irgendwie geordnet, so dass jede Übersichtlichkeit überhaupt fehlt", teilt das Hessische Landeskriminalamt im September 1959 dem Leitenden Oberstaatsanwalt in Frankfurt mit. Auch die „auffallend schleppende Bearbeitungsweise" der Frankfurter Kriminalpolizei ist da bereits ein brisantes Thema in Justizkreisen.

Immer wieder bleiben wertvolle Hinweise unbearbeitet auf irgendwelchen Schreibtischen liegen. Wenn der Spur dann endlich nachgegangen wird, ist die Erinnerung des Zeugen verblasst. Es wird später nicht nur Außenstehende geben, die behaupten, dass so viel Nonchalance ohne Vorsatz nicht möglich sei. Bereits eine Woche nach dem Mord, am 7. November 1957, meldet sich ein Zeuge bei der Polizei, der am Nachmit-

tag des 29. Oktober 1957 zu Fuß in der Frankfurter Innenstadt unterwegs gewesen ist. In der Bleichstraße, hinter dem „Turm-Palast", wohin
die Hofeinfahrt des Hauses Stiftstraße 36 führt, hat er eine gefährliche
Begegnung: Ein dunkler, großer Personenwagen, der in schneller Fahrt
aus dem Hof hervorschießt, fährt ihn beinahe um und biegt mit quiet-
schenden Reifen auf die Straße ab. Das sollte die Kriminalpolizei schon
deshalb interessieren, weil der Zeitpunkt des Geschehens zur von ihr vermuteten Todesstunde Rosemarie Nitribitts passt. Zur Vernehmung bitten
die Beamten den Zeugen allerdings erst, als er sich im Februar 1958
erneut meldet. Da kann er sich allerdings nur noch schwach entsinnen –
grau sei der Wagen gewesen, vielleicht auch schwarz, und größer als ein
Lloyd oder Volkswagen. Das ist Ende der 50er Jahre, als Grau und
Schwarz populäre Lackfarben sind, ein Hinweis am Rande aller Brauch-
barkeit.

Allerdings hat es die Kriminalpolizei mit dem kontaktreichen Leben
der Rosemarie Nitribitt auch nicht leicht. Eine Vielzahl von Spuren führt
zwangsläufig ins Nichts. So finden die Polizisten in ihrem Nachlass auch
die Visitenkarte eines Frankfurter Mercedes-Benz-Verkäufers, sie liegt
ganz oben auf einem Stapel in der Mordwohnung – demzufolge nehmen
die Beamten den Mercedes-Mann in die Zange, durchleuchten sein Pri-
vat- und Eheleben, prüfen seine finanziellen Gewohnheiten und grillen
ihn im Verhör nach allen Regeln der Kunst. „Die Polizei hat praktisch
jedem unterstellt, mit ihr Verkehr gehabt zu haben", wird er sich noch
Jahrzehnte später erinnern. Es fällt ihm nicht leicht, die Polizei davon zu
überzeugen, dass er nur dienstlich in ihrer Wohnung war: Rosemarie
Nitribitt plant in den letzten Wochen ihres Lebens, das damalige Spitzen-
modell des Hauses Mercedes-Benz zu erwerben, ein 300 S Coupé für
34.500 Mark.

Freier, Fremde, Freunde, Feinde: Eine ausführliche Sammlung von
Visitenkarten hat sie hinterlassen, der Mercedes-Verkäufer erinnert sich

Ermittlungen im Frankfurter Bahnhofsmilieu, 1957. Die Frankfurter Polizei gilt im
Deutschland der 50er als Elitetruppe, was sich auch in der Wahl ihrer Einsatzfahrzeuge
manifestiert: schnelle Borgward-Isabella-Limousinen mit Philips-Autotelefon, UKW-
Funkgerät, Lautsprecher-Anlage und verstärktem Fahrwerk. Die Glücklosigkeit der
Ermittler im Fall Nitribitt wird noch viel später wie ein Trauma wirken.

genau an ein gut gefülltes hölzernes Karteikästchen in ihrem Wohnzimmer, etwa zehn Zentimeter breit, 20 Zentimeter lang. Die Polizei findet außerdem Fotos, Briefe, Postkarten, sie bekommt anonyme Hinweise auf Freunde der Ermordeten; manche von ihnen melden sich freiwillig, andere müssen in den Vereinigten Staaten, in Südamerika oder Griechenland ausfindig gemacht werden. Nicht überall treffen die Ermittler auf kooperative Kollegen: Griechische Offiziere, so erfahren sie, dürfen nur von einheimischen Polizeibeamten befragt werden. Das kann dauern – in diesem Fall bis ins Jahr 1960.

Neben Freiern, die zumeist mauern und sich an überhaupt nichts mehr erinnern können, kommen allerdings auch Freunde und Freundinnen der Ermordeten zu Wort. Und, immerhin: Auch vermeintliche Nebensächlichkeiten nimmt die Frankfurter Kriminalpolizei dabei zu Protokoll, einzelne Beamte hören sehr genau hin und halten die Zwischentöne fest. Ihre Aufzeichnungen gehen weit über die Feststellung von Alibis und Motiven hinaus: Sie ermöglichen es, ein realistisches Portrait des Menschen und nicht nur des Mädchens Rosemarie Nitribitt zu zeichnen.

Es hat nicht viel mit den Presseveröffentlichungen jener Zeit zu tun – und noch weniger mit der späteren Spielfilmfigur Rosemarie Nitribitt. Denn selbst Hamburger Nachrichtenmagazine kennen noch Jahrzehnte später nur die Glamourfigur mit ausgeprägter Raffgier, schwacher Intelligenz und einer infantilen Vorliebe für Reisbrei. Der gilt seitdem jedem Journalisten, dem nichts Bunteres einfällt, als sicherer Beleg für ihren krankhaften Geiz. Dass Reisbrei in damaligen Mannequinkreisen ein beliebtes Diätgericht ist, schreibt keiner. Und niemand moniert, dass sich Geiz und der Genuss eines nagelneuen Mercedes 190 SL grundlegend widersprechen. Zudem erweist sich der viel zitierte Analphabetismus der Rosemarie Nitribitt bei näherer Prüfung als weit verbreitete Form der Rechtschreib- und Leseschwäche. Sie habe, schreiben die Blätter gerne, noch nicht einmal ihren Namen schreiben können. Schlampige Recherche: Auf Bankbelegen, die bis heute erhalten sind, wäre ihre Signatur auch mit dem Zusatz „ppa" nicht unglaubhaft.

Wer Rosemarie Nitribitt im Frankfurt des Jahres 1956 oder 1957 begegnet, trifft auf eine junge Frau, die fließend englisch spricht, französisch lernt, neben Schlagern auch Freejazz hört sowie glaubhaft über Werke von Stefan Zweig oder Marcel Proust plaudert. An ihrem Todestag liegt ein Bildband über Architekturdenkmale des Barock auf dem Wohnzimmertisch. Im Zeitschriftenständer finden sich „Der Spiegel", das Architektur-Sonderheft der Zeitschrift „Film und Frau" sowie die „Motorrevue", eine anspruchsvoll gemachte Autozeitschrift der gehobenen Preisklasse. Otto Normalverbraucher liest das alles nicht.

Wer sie außerhalb Frankfurts kennenlernt und deshalb nicht weiß, wovon sie lebt, glaubt auch die vielen Legenden, die sie sich zurechtlegt: Rosemarie Nitribitt gibt sich dann als verheiratete, aber gelangweilte Ehefrau eines älteren Mannes aus, der viel im Ausland zu tun hat, sie mimt die Fabrikantentochter oder die Geliebte, deren Freund einem Herzinfarkt erlegen sei, ihr aber große Teile seines Vermögens zugedacht habe. Das wirkt glaubhaft, weil sie es mit gepflegten Manieren unterstreicht: Rosemarie Nitribitt, das Kind armer Leute, hat Benimmkurse eines Frankfurter Spezialinstituts für höhere Töchter besucht. Sie beherrscht den gehobenen Smalltalk, spricht in Gesellschaft ordentliches, nur ganz leicht rheinländisch gefärbtes Hochdeutsch, ist dezent geschminkt, adrett frisiert, teuer gekleidet, kämpft brillenlos mit ihrer Kurzsichtigkeit und raucht türkische Edelzigaretten. Sie lacht viel, platziert mit Sorgfalt ein paar Anglizismen, was dem Mädchen aus Niedermendig den Schein des Weltläufigen gibt, und erzählt von ihrem Winterurlaub, den sie stets Anfang Februar im Palace Hotel zu St. Moritz zu verbringen pflegt. Man kann sich in sie verlieben, und den Männern, denen das tatsächlich widerfährt, fehlt es in der Regel weder an Lebenserfahrung noch an Intellekt.

Ein englischer Schriftsteller und Bestsellerautor gehört dazu, spezialisiert auf große politische Stoffe, in den Krisengebieten der Welt zu Hause
und wesentlich älter als sie. Für sie, so schreibt der Junggeselle, würde er
sein hektisches Leben ändern. Er macht ihr einen Heiratsantrag, reist
dann nach Baden-Baden weiter, wo er auf dem Briefpapier eines Grand
Hotels das gemeinsame Leben zwischen London und Frankfurt skizziert:
Ihren wunderbaren Mercedes und die Wohnung könne man selbstverständlich behalten. Und selbstverständlich werde er, sobald man für
immer zusammen lebe, für alle wirtschaftlichen Dinge sorgen. Jeden Tag,
so schreibt er, möchte er sie „You crazy one!" sagen hören. Er ahnt vorerst
nichts von ihrer tatsächlichen Tätigkeit.

So geht es auch dem geschiedenen Manager einer Toto-Lotto-Gesell-
schaft, der ihr im Frühjahr 1957 zärtliche Liebesbriefe schreibt, seinen
Afghanen für Fotoaufnahmen bei ihr in Frankfurt lässt und wochenlang
eine gemeinsame Zukunft plant, bis ihm ein Geschäftspartner die Wahrheit steckt. Andere ihrer Freunde wissen von Anfang an, welcher Tätigkeit sie nachgeht, und es stört sie nicht weiter. Einer von ihnen wird ihr
Jahrzehnte später ein Denkmal der besonderen Art setzen.

Da gehört Joe Zawinul, Jahrgang 1932, längst zu den berühmtesten
Jazzmusikern der Welt: Er spielte mit Miles Davis, gründete die legendä-
re Jazzrock-Band „Weather Report" und komponierte den Welthit
„Mercy, Mercy, Mercy". Als er im Jahr 2001 das Album „Faces and Places" veröffentlicht, fällt den Musikjournalisten auf dem collagenhaften
Plattencover das Foto einer jungen Frau auf, die in einem amerikanischen
70er-Jahre-Coupé sitzt, obwohl sie – das Originalfoto ist bekannt –
eigentlich in einen offenen Mercedes 190 SL gehören würde. Warum, so
fragen sie Zawinul, zeigt er auf seinem Cover ausgerechnet Rosemarie
Nitribitt? Und Zawinul erzählt. Der im September 2007 verstorbene
Musiker gehört damit zu den wenigen Freunden Rosemarie Nitribitts,
die ihre Erinnerungen öffentlich machen.

Joe (eigentlich Josef) Zawinul ist ein 24-jähriger Jazzpianist, der im Oktober 1956 mit der Band „Fatty George and The Two Sound Band" im Frankfurter „Jazzkeller" gastiert, einem schon damals legendären Szenelokal in der Kleinen Bockenheimer Straße. Eines Abends fällt ihm eine blonde, elegant gekleidete Zuhörerin auf, die offensichtlich mit Franz „Fatty George" Pressler, dem Klarinettisten der Band, bekannt ist. „Sie saß da und hat uns zugehört, irgendwann haben wir zu reden angefangen.

„Sie war ein guter Mensch. Das ist alles, was ich wirklich von ihr weiß". Der Jazzmusiker Joe Zawinul hat 1957 eine Affäre mit Rosemarie Nitribitt. Von ihrem Tod erfährt er erst Jahre danach – da ist er längst nach Amerika ausgewandert, wie es ihm seine Freundin in Frankfurt geraten hatte.

Sie war eine sehr sympathische junge Frau, ich war auch jung und nicht gebunden, und irgendwie haben wir uns sofort gemocht. Als ich anfing, die Initiative zu ergreifen, hat Fatty das bemerkt, mich beiseite genommen und mir gesagt, ich solle vorsichtig sein. Das ist die Nitribitt, sagte er, das ist die Edelnutte Deutschlands. Wörtlich. Ich hab´ ihm gesagt, na und, das ist okay für mich, eine Klassefrau. Wir haben uns dann spät nachts im Jazzkeller verabschiedet".

Am nächsten Nachmittag kommt sie wieder, zum Soundcheck. Dieses Mal bleiben sie zusammen: „Wir haben eine wunderschöne Zeit verbracht. Und ich glaube, wir waren wirklich verliebt ineinander". Im Sommer 1957 sehen sie sich noch einmal wieder, haben dazwischen und danach allerdings keine Verbindung mehr. Joe Zawinul vermutet, Rosemarie Nitribitt habe resigniert und geglaubt, der viel beschäftigte junge Jazzer interessiere sich nicht für sie, weil er die ganze Wahrheit kennt. So erklärt er sich später auch, nie wieder von ihr gehört zu haben. Zawinul tourt durch Europa und wandert 1959 nach Amerika aus, ohne von ihrem Tod zu wissen. Erst Mitte der 60er Jahre entdeckt er in Wien das Foto Rosemarie Nitribitts in einer Illustrierten und liest, was im November 1957 geschehen ist.

Die junge Frau, mit der er kurz vor ihrem Tod eine Affäre hat, ist offenbar ein völlig anderer Mensch als jene schrille Blondine, die im offenen Roadster reiche Freier jagt. Sie wirkt auf ihren fast gleichaltrigen Freund „irgendwie wild, aber auch sehr sensibel, humorvoll und gleichzeitig ernst". Rosemarie, die er „Rose" nennt, lässt Joe Zawinul nicht in ihre Wohnung, erzählt kein Wort von reichen Freunden, wohl aber von ihrer Kindheit in der Eifel und den Heimen, und sie kümmert sich fürsorglich um einen Kopfverband, den er bei der zweiten Begegnung im Sommer 1957 trägt. „Unheimlich lieb, ja. Trotzdem haben wir gemacht, was man so macht, ein großer Spaß, aber darüber red´ ich nicht, ich will nur eines sagen: Sie war ein guter Mensch, das hab´ ich sofort gespürt. Eigentlich ist das alles, was ich über sie weiß".

Was er nicht weiß und erst 2002 von Journalisten erfährt: Irgendwann im Sommer 1957 benennt Rosemarie Nitribitt ihren weißen Pudel von „Showing" in „Joe" um. „Joelein" nennt sie ihn, wohl nach dem Mann aus bürgerlicher Wiener Familie, der später auch deshalb berühmt wird, weil er einem Ratschlag seiner Frankfurter Freundin folgt: Nach Amerika solle er gehen und ja nicht in Frankfurt oder Europa steckenbleiben. Die Jungs von der Band seien gut, sagt sie ihm, aber er müsse weg. Daran wird er sich oft erinnern, besonders im Jahr 2001, als sein Album „Faces and Places" erscheint und ihn der Grafiker, der das Plattencover gestaltet, auf einen seltsamen Zufall aufmerksam macht: Seine Mutter ist zu Beginn der 50er Jahre Rosemarie Nitribitts Fürsorgerin beim Jugendamt Mayen gewesen.

Joe Zawinul, schlank und schwarzhaarig, Anfang 20, entspricht damals dem privaten Jagdschema Rosemarie Nitribitts. Er zählt zu den Männern, die sie nicht als Freier schätzt, sondern als Freunde, denen sie sich aber mit der gleichen Offensichtlichkeit nähert: Sie verfolgt sie mit Lichthupenfeuer im 190 SL, sie spricht sie in Frankfurter Kneipen oder beim Spazierengehen an. Im weiteren Verlauf spielt es keine Rolle, ob sie Jazzmusiker oder Werbefachleute sind, Fensterputzer oder Fernmeldemonteure, Arztsöhne auf Existenzialistentrip oder Abiturienten aus der Provinz, die in Papas dickem Sechszylinder durch die Frankfurter Innenstadt cruisen. Wenn ihr Gegenüber willig ist, zeigt sie ihm ihr Schlafzimmer und greift mit dem knappen Hinweis zu, er sei doch ein sympathischer junger Mann.

So beginnt eine Serie kurzer, illusionsfreier Affären, die sie in der Regel grund- und grußlos zu beenden pflegt. Meistens reicht dafür die kurze Anmerkung, dass ihr Pudel „ein süßer kleiner Lecker" sei – was zu den wenigen Details gehört, die später selbst für die Boulevardpresse nicht druckbar sind. Zieren sie sich zu Anfang, die schwarzhaarigen jungen Männer, wie etwa der schwule Verkäufer eines Pelzgeschäfts an der Frankfurter Zeil, dann wird die Stadtbekannte leicht hysterisch: Sie bestellt eine Nerzstola, fordert aber die persönliche Auslieferung durch ihren Favoriten, und rastet furchtbar aus, als der in Begleitung seines Chefs zu ihr kommt. „Ein Mal hätte er mir den Gefallen doch tun können", jammert sie. Später versucht sie in ihrem Freundeskreis, eine Art Kopfgeld auf ihn auszusetzen.

Wer sich in den Fünfzigern so oft im Grenzbereich bewegt wie Rosemarie Nitribitt, gilt landläufig als Hysterikerin und driftet an den Rand einer restaurativen Gesellschaft. Die Öffentlichkeit jener Jahre wertet das Leben Rosemarie Nitribitts als eine Art Kinderkrankheit der jungen Republik, kann aber noch nicht wissen, dass viele der aktenkundigen Symptome tatsächlich auf eine noch nicht erforschte Persönlichkeitsstörung hindeuten. Wäre Rosemarie Nitribitt 30 Jahre später geboren worden, hätte sie wahrscheinlich als Borderline-Patientin behandelt werden können. Man ist in den späten 50er Jahren noch nicht so weit, von der Vielzahl auffälliger Verhaltensweisen und Gefühlsschwankungen auf ein komplexes Krankheitsbild zu schließen, bei dem abwechselnd die Symptome einer Neurose und Psychose auftreten. Hysterie und häufige abrupte Kontaktabbrüche zählen dazu, eine außer Kontrolle geratene Sexualität und eine Vielzahl unterschiedlicher Ängste. Vor allem die.

„Irgendwann", sagt sie zu einem ihrer Begleiter, „schlägt mir noch einer den Schädel ein". Sie fürchtet Ehefrauen, enttäuschte Freier, eifersüchtige Freunde oder auch Feinde aus der Homosexuellenszene – solche, deren Partner sie verführt hat. Rosemarie Nitribitt schätzt die Gesellschaft von Männern, die sexuell nicht an ihr interessiert sind, und macht sich einen Sport daraus, sie vom möglichen Gegenteil zu überzeugen. Gleichzeitig hat sie immer wieder lesbischen Sex – ob sie sich dafür bezahlen lässt, findet die Kriminalpolizei nicht heraus. Dass ihre Angst berechtigt sein könnte, zeigt sich allerdings aus einem anderen Grund: Denn tatsächlich scheut sie vor Erpressungen nicht zurück, steht deshalb 1954 sogar vor Gericht, wird aber freigesprochen. Einem Freier, keinem Prominenten, soll sie 1955 oder 1956 von ihrer Schwangerschaft berichtet und auch ein ärztliches Attest vorgelegt haben. Sie fordert Geld – für

Tanze mit mir in den Morgen. Die Bewohnerin des Appartements 41 schätzt Schnulzen wie Jazz, ihr Nachlass enthält eine gut sortierte Schallplatten-Sammlung. Privatfoto aus Rosemarie Nitribitts Wohnung.

einen Schwangerschaftsabbruch. Er fährt sie auf ihren Wunsch sogar nach Straßburg, wo sie in der Innenstadt verschwindet und nach Stunden wieder auftaucht. Er glaubt nicht an ihre Geschichte, und wahrscheinlich hat er damit recht: Später erfährt er, dass sie sich auf diese Weise wohl mehrfach Nebeneinnahmen verschafft hat.

Sie lügt mit System und Fantasie. Rosemarie Nitribitt erzählt abwechselnd, Teilhaberin einer Bar in Kaiserslautern zu sein, ihrem Gewerbe auch in einer Zweitwohnung in Mannheim nachzugehen, ein Landhaus im Taunus zu besitzen und eine Kollegin angestellt zu haben, „ein süßes kleines Mannequin, so scharf, dass es Tag und Nacht für mich fickt". Ihre Haupteinnahmen, behauptet sie, seien Schweigegelder, sie habe Mikrofone in den Blumenvasen ihrer Wohnung versteckt und außerdem mit dem früheren US-Präsidenten Harry S. Truman geschlafen. Das Meiste davon wird ihr geglaubt, selbst noch von den Ermittlern der Frankfurter Kriminalpolizei. Aber der Landsitz im Taunus ist tatsächlich ein Wunsch von ihr: Denn kurz vor ihrem Tod hat sie das Ziel des Ausstiegs bereits vor Augen.

Abgesehen von ihren Ängsten, der Einsamkeit, über die sie klagt, und häufiger Krankheit gibt es für sie in den letzten Monaten ihres Lebens einen handfesten Grund, ihren Standort und womöglich gleich ihre Berufstätigkeit zu verändern: Bei aller Toleranz fürchten sich ihre Nachbarn – darunter ein Professor, ein Schriftsteller, ein Textilimporteur, Kaufleute, Lehrer – um den Ruf ihres Hauses. Diskret, aber deutlich informieren sie den Frankfurter Architekten und Bauträger Wilhelm Berentzen, Besitzer der Wohnanlage Stiftstraße 34 und 36, von der mitunter lautstarken Erwerbstätigkeit der Mieterin Nitribitt, die mittlerweile als Serviererin im Frankfurter Adressbuch steht.

„Sie tarnte zuerst ihren Beruf, später wurde immer offenbarer, womit sie sich abgab", klagt im Herbst 1957 die Flurnachbarin, eine 42-jährige Redakteurin der „Frankfurter Allgemeinen Zeitung". „Sie wurde immer deutlicher in ihrer Ausdrucksweise". Aber Berentzen braucht handfeste Beweise, eine Kündigung erfordert auch auf dem Immobilien-Verteilungsmarkt der 50er Jahre eine Begründung. Kurz bevor die Mieterin Nitribitt stirbt, teilt ihr Berentzen die bevorstehende Aufhebung des Mietverhältnisses mit. Sie hatte es ursprünglich auf die Dauer von 15 Jahren geschlossen, bis zum 31. Dezember 1970.

Belegt ist, dass sie im Sommer und Herbst 1957 nach geeigneten Geldanlagen sucht, sich nach Geschäftsbeteiligungen erkundigt und passende Branchen empfehlen lässt. Die Investition in ein Café oder eine Bar erwägt sie, ihrer lokalen Bekanntheit wegen auch als stille Teilhaberin, verwirft die Idee aber wieder. Einen sachkundigen Bekannten fragt sie nach Möglichkeiten, in Rennpferde oder ein Gestüt zu investieren. In Frankfurt kursiert noch nach Jahrzehnten das Gerücht, sie sei bei ihren Recherchen bis zu Versandhaus-Tycoon und Reitsport-Guru Josef Neckermann vorgedrungen.

Dann spricht sie wieder von einer Pension im Taunus, die der Chefportier eines führenden Frankfurter Hotels im Herbst 1957 tatsächlich baut. Sie kennt ihn, weil er sie unter der Hand an gute Gäste vermittelt. Unter Umständen haben sie tatsächlich eine Geschäftspartnerschaft geplant: Die Bewohner eines Taunus-Dorfs handeln im November 1957 hartnäckig das passende Gerücht, dem die Frankfurter Kriminalpolizei prompt hinterher recherchiert. Der Bauherr ist empört, droht mit Verleumdungsklagen und hat die blonde Rosi selbstverständlich nur ganz oberflächlich gekannt; der Grundbucheintrag lautet alleine auf ihn. Die Ermittler glauben es, sie müssen es glauben, obwohl sie längst wissen, dass Rosemarie Nitribitt mit dem Stellvertreter des Empfangschefs geschlafen hat, der dafür nichts bezahlt haben will, und dass sie auch der Telefonvermittlung des hohen Gästehauses bestens bekannt ist.

Auch an einem Zigarrengeschäft plant sich Rosemarie Nitribitt eine Zeitlang zu beteiligen, eine Branche, die sich seinerzeit gut für fachfremde Einsteiger eignet: Im Frankfurt des Jahres 1956 etwa reichen dem DDR-Spion und späteren Willy-Brandt-Referenten Günter Guillaume ganze 7200 Westmark aus der Ostberliner Stasi-Kasse, um in Frankfurt-Sachsenhausen einen Zigarrenladen namens „Boom am Dom" zu eröffnen. Die Erlöse ermöglichen ihm und seiner Familie allerdings nur eine kleinbürgerliche Existenz. Das ist es nicht, was die 24-jährige Aussteigerin plant: Aber für eine Chemische Reinigung, so rechnet sie dem Pelzwarenhändler ihres Vertrauens während einer Autofahrt durch Frankfurt vor, habe sie schon etwa 100.000 Mark übrig. Der lobt das Mädchen freundlich für seinen Fleiß, obwohl er wie alle anderen die Quelle ihres Wohlstands kennt.

Die Sechsstelligkeit ihres Vermögens jedenfalls ist keine ihrer ewigen Aufschneidereien. Rosemarie Nitribitt verdient ausschließlich netto. Sie hat ihre Einnahmen nie mit einem Zuhälter geteilt und ihren Beruf weder dem Gesundheitsamt noch den Frankfurter Finanzbehörden bekannt gemacht. Zumindest 1957 führt sie Buch über ihre Einkünfte, leicht verschlüsselt, wie es ihr eine befreundete Kollegin geraten hat: Ein horizontaler Strich hinter dem Buchstaben A steht für 50 verdiente D-Mark, eine Markierung in der Rubrik B für einen Hunderter. An manchen Tagen malt sie acht Striche in ihren schwarzen Taschenkalender mit Goldschnitt, eine katholische Ausgabe, die den Heiligen eines jeden Tages nennt. Nur zwischen den handschriftlichen Eintragungen „Peri" und „Peri fertig" reduziert sie ihre Tätigkeit etwas. Ende Oktober 1957 addiert sie und kommt auf eine Jahressumme von 80.750 Mark. Die Zahl gehört, ebenso wie die Größe ihres gesamten Nachlasses, zu den wenigen Dingen im Leben der Rosemarie Nitribitt, die unzweifelhaft

Armes reiches Mädchen. Nur manche der Männer, die sie besuchen, verdienen besser als Rosemarie Nitribitt. Im Herbst 1957 will sie ihre Ersparnisse in eine bürgerliche Existenz investieren. Es kommt nicht mehr dazu. Privatfoto aus Rosemarie Nitribitts Wohnung.

feststehen. Zum Vergleich: Ein Abteilungsleiter in der Industrie verdient rund 20.000 Mark brutto im Jahr – wenn er hart genug verhandelt hat.

Albert Kalk, Chef der Frankfurter Kriminalpolizei, erinnert sich noch in einem Interview der 90er Jahre daran, wie er Rosemarie Nitribitts Mutter, der 47-Jährigen Arbeiterin Maria Hoffmann aus Düsseldorf, 1958 in seinem Frankfurter Büro deren Barvermögen übergibt: Es sind rund 70.000 Mark. Zuvor hat Rosemaries Mutter 463 Mark für die Ausstellung des Erbscheins bezahlt, woraus Frankfurter Tageszeitungen leicht die Höhe des gesamten Nachlasses errechnen können: 120 000 Mark. Das ist eine Zahl, die nach Rosemarie Nitribitts Tod weder Kriminalpolizei noch Staatsanwalt bestätigen wollen: Sie fürchten allen Ernstes, die Größenordnung könne unbescholtene Mädchen dazu verführen, ein ähnliches Leben zu führen. Eines, an dessen Ende 65 Paar Bally-Schuhe im Schrank stehen, wie die Frankfurter Boulevardpresse schreibt – und damit den tatsächlich vorgefundenen Bestand großzügig um das Doppelte erweitert.

Aber die vermeldete Vermögenssumme stimmt ebenso wie eine Nachforderung von über 50.000 Mark, die das Frankfurter Finanzamt Stadtmitte post mortem erhebt; auch diese Zahl wird offiziell weder bestätigt noch dementiert. Der Betrag von 120.000 Mark setzt sich aus dem Barvermögen zusammen, das Rosemarie Nitribitt zu Lebzeiten konservativ auf Sparbüchern anlegt und zur Hälfte im Schließfach einer Bank am Frankfurter Roßmarkt hortet; er beinhaltet das Mobiliar der Zweizimmerwohnung in der Stiftstraße, diverse Behältnisse mit Goldschmuck, ihren zweikarätigen Diamantring, den Nerzmantel sowie das Nerzcape der Toten. Und, selbstverständlich, ihren schwarzen Mercedes 190 SL, den ihre Putzfrau am 1. November 1957 so vergeblich sucht wie später die Kripo, weil er zur Reparatur in der Frankfurter Mercedes-Niederlassung steht.

Seine Besitzerin moniert kurz vor ihrem Tod ständige Motorprobleme; offensichtlich arbeitet die anfällige Doppelvergaseranlage nicht so, wie es sich die Kundin Nitribitt vorstellt. Das sei halt so, wenn man mit einem Sportwagen ständig nur in der Stadt herumjuckele, sagen ihr die gut über ihre Fahrtstrecken informierten Mercedes-Männer. Etwas mehr als 46.000 Kilometer weit ist sie mit ihrem Sportwagen gekommen, 12.000 Mark zahlt ein Frankfurter Gebrauchtwagenhändler dafür. Ein Liebhaberpreis. Ein Jahr nach dem Tod der Erstbesitzerin wird er auf einer Gebrauchtwagenmesse in Hamburg gezeigt, nach einem heftigen Unfall hellgrau lackiert, mit dem stümperhaft nachgemachten hessischen Besatzungskennzeichen H 70-6425 und einer handgemalten Hinweistafel vor der Fahrertür: „Von zarter Hand aus Frankfurt". Sein nächster Käufer, ein adliger Reedereikaufmann aus Hamburg-Altona, wird von der Frankfurter Kriminalpolizei so gewissenhaft wie ergebnisfrei durchleuchtet.

Manchmal, so scheint es, nehmen es die Ermittler erstaunlich genau. Dass sich Rosemaries Mörder womöglich ihren 190 SL als spezielles Souvenir sichert, das halten sie für möglich. Bei anderen Nebenspuren dagegen versagen Phantasie und Menschenkenntnis der Männer, die sich später daran erinnern werden, während der Ermittlungen Tage, Nächte und Wochenenden im Dienst verbracht zu haben.

Ein Raubmord muss es gewesen sein, das gilt in Kripo-Kreisen als sicher. Andere Tatmotive werden während der Ermittlungen nicht berücksichtigt, sie dürfen auf höhere Weisung womöglich nicht berücksichtigt werden – obwohl sie sich beim Studium der Vernehmungsprotokolle selbst Laien der Kriminalpsychologie erschließen. Viel später, als es einen dringend der Tat Verdächtigen und einen Prozess gibt, wird der Richter eine interessante Frage an den Leiter der Mordkommission haben: Ob er sich denn vorstellen könne, dass ein Täter die Rosemarie Nitribitt ermordet und ein anderer später ihr Bargeld geraubt habe. Nein, ist die Antwort, zu keiner Zeit. Aber wir greifen vor.

Jeder, so wird der Richter später kommentieren, könne es gewesen sein. Aber Einzelne, so zeigt das Studium der Ermittlungsakten, könnten

Herrchens Sessel. So heißt das wuchtige Sitzmöbel unter Rosemaries engeren Bekannten. Herrchen ist Harald von Bohlen und Halbach, der ihr Liebesbriefe schreibt. Und hier womöglich auf den Auslöser der Kamera drückt. Privatfotos aus Rosemarie Nitribitts Wohnung.

Gründe jenseits aller Geldgier gehabt haben. Und es müssen, letzte Ton-
bandaufzeichnung hin oder her, keine männlichen Bekannten der Rosemarie Nitribitt gewesen sein.

Auftritt Erna Krüger, Jahrgang 1910, verwitwet, gelernte Schauspielerin, zuletzt als Faktotum bei einer wandernden Puppenbühne engagiert
gewesen, dann Zugehfrau der Rosemarie Nitribitt. Sie lebt bei ihrer
Schwester im Frankfurter Nordwesten, schmales Reihenhaus an der
Durchgangsstraße, solide Verhältnisse. Sie hat keine Schulden und gilt der
Kriminalpolizei offensichtlich schon deshalb als unverdächtig, obwohl sie
sich höchst auffällig verhält. Vor allem verwickelt sie sich während der
Ermittlungen pausenlos in Widersprüche, denen die Polizeibeamten keine
aktenkundige Bedeutung beimessen. Sie sind mehr damit beschäftigt, sie
während der Ermittlungen immer wieder irgendwo aufzuspüren, weil Erna
Krüger regelmäßig abtaucht. Angeblich fährt sie dann in Fernlastwagen
per Anhalter durch Deutschland oder hilft auf dem Landsitz eines reichen
Adligen aus, folgt jedoch zu keiner Zeit einer polizeilichen Vorladung.

Statt dessen schreibt sie Postkarten und zeichnet mit „Die Unterpri-
vilegierte". Einen verwirrten Eindruck hinterlässt sie und behauptet
gerne, den Fragen nicht richtig folgen zu können. Anfangs, am Tatort, so
geben die anwesenden Beamten zu Protokoll, hört sie nicht auf zu reden
und Details aus dem Leben ihrer Chefin preiszugeben. Vor allem aber ist
sie brennend daran interessiert, die Leiche zu sehen, was ihr verwehrt
bleibt, und in den Besitz des Pudels zu kommen, den die Polizei einge-
sperrt im Schlafzimmer findet. Als sie kurz nach dem Leichenfund zum
ersten Mal verschwindet, fängt die Polizei einen Brief aus Kreisen ihrer
Puppenspieltruppe ab: Wenn die Alte es nicht selbst gewesen sei, dann
versuche sie wohl, den Mörder zu finden. Und ein Motiv, das weiß die
Kripo, hat Erna Krüger auch gehabt.

Fest steht: Für eine Putzfrau ist die Beziehung zu ihrer Chefin ungewöhnlich eng. Sie massiert sie, geht mit ihr ins Café und Kino, besorgt

ihre Lieblingszigaretten und übernachtet mitunter in Rosemarie Nitribitts Wohnung. Unstrittig ist auch, dass dort die beiden Frauen am Montag, den 28. Oktober 1957, heftig aneinander geraten.

Erna Krüger hat beim Staubwischen eine Wandvase zerbrochen,
eines der Geschenke, die von Harald dem Zweiten stammen. Wenn
Rosemarie austeilt, dann wird sie schnell grob, auch das wissen die
Ermittler bald nach ihrem Tod, jedenfalls verlässt Erna Krüger weinend
die Wohnung. Es ist, wie Zeugen berichten, nicht das erste Mal. Rosemarie spricht von „dem Weib", wahrscheinlich wird sie noch deutlich drastischer, und sie unterstellt ihr Diebstahl. Erna Krüger schwört sich, nie
wieder zu kommen.

Der Schwur hält bis zum Dienstag morgen, als sie um neun Uhr an
der Tür des Appartements Nummer 41 klingelt. Offenbar weckt sie
Rosemarie Nitribitt, die noch gegen ein Uhr nachts ihren Mercedes zum
Nachtdienst der Niederlassung gebracht hat. Rosemarie, die ungeschminkt ist und einen graublauen Schlafanzug trägt, schickt sie weg, öffnet dafür aber immerhin die Wohnungstür: Normalerweise ist es ihre
Art, ungebetenen Besuch mit einem kurzen Zuruf abzufertigen. Erna
Krüger hofft anscheinend auf Versöhnung. Vergeblich.

Als sie gegen 14 Uhr wiederkommt, hat Rosemarie Nitribitt Besuch:
Im Wohnzimmer sitzt Peter, der eigentlich Heinz Pohlmann heißt und zu
ihren engen Freunden gehört; es wird noch ausführlich von ihm zu
berichten sein. Pohlmann ist zwar ein chronischer Lügner, klingt aber
glaubhaft, als er später, im Verhör, von Rosemarie Nitribitts Begegnung
mit Erna Krüger berichtet: Die Frau habe ihm leid getan, wie sie demütig
in der Wohnung aufgetaucht sei und eine Ersatzvase ausgepackt habe.
Seine Freundin Rosemarie dagegen habe ohne Pause gezetert und die Erna
Krüger bezichtigt, sie bestohlen zu haben. Jetzt geht sie zum dritten Mal.

Dass sie am gleichen Tag erneut zurück gekommen sei, behauptet
Erna Krüger mehrfach. Sie sei am 29. Oktober 1957 noch einmal bei

Rosemarie Nitribitt in der Stiftstraße 36 gewesen, und zwar „bis es dunkel wurde", sagt sie, ohne aber beschreiben zu können, wie dieser Besuch verlaufen ist. Am frühen Abend des 29. Oktober 1957 tritt nach Überzeugung der Ermittler Rosemarie Nitribitts Tod ein.

Kurz vor 17 Uhr beobachtet eine Zeugin vor dem Haus Stiftstraße 36 zwei Frauen: Eine davon ist Rosemarie Nitribitt, die sie vom Sehen genau kennt, die Beschreibung der anderen – etwa 50 Jahre alt, grauhaarig, ärmlich wirkend – passt auf Erna Krüger. Sie fällt der Beobachterin, die in etwa zwei Metern Abstand vorübergeht, durch ihr erregtes Gestikulieren auf. Zudem taucht Erna Krüger an diesem Dienstag zwischen 17 und 18 Uhr bei Bekannten auf, weint und zittert, ist völlig aufgelöst, erklärt diesen Zustand aber mit familiären Problemen. Ihre Tochter Carmen ist schwer krank.

Zuvor und danach besteht Erna Krüger jedoch darauf, am frühen Abend des 29. Oktober vergeblich an der Tür des Hauses Stiftstraße 36 geklingelt zu haben: Nach dieser Aussage wird im vierten Stock der Türöffner betätigt, ohne dass sich jemand an der Sprechanlage meldet, sie kommt jedoch nicht ins Haus, weil die Tür durch einen etwa 35-jährigen Mann südländischen Aussehens zugehalten wird. Peter, den sie kennt, ist es nicht. Als sie andere Klingeln des Hauses betätigt, reagiert angeblich niemand. Deshalb, so ihre Erinnerung, geht sie nach Hause, um sich erst am 1. November Sorgen um ihre Auftraggeberin zu machen.

Ihre Widersprüche – und auch die Behauptung, der späteren Gerichtsverhandlung nicht mehr folgen zu können – erklärt Erna Krüger mit den Spätfolgen einer Tropenerkran-

Liebesgrüße aus dem Luxusbad. Fotos wie diese verteilt Rosemarie Nitribitt an Hotelportiers und gute Kunden; die Frankfurter Kriminalpolizei glaubt allerdings, dass sie eine Doppelgängerin aus dem Milieu zeigen. Die Fotoserien gibt es nach Rosemarie Nitribitts Tod als mittelprächtige Repros im Frankfurter Bahnhofsviertel zu kaufen.

kung. Als sie die Polizei im Jahr 1979 noch einmal befragt, weil ein mehrfach vorbestrafter Selbstmörder vor seinem Tod behauptet hat, Rosemarie Nitribitt gut gekannt zu haben, wirkt die mittlerweile 69-Jährige bestens orientiert. Hat sie, die gelernte Schauspielerin, 20 Jahre zuvor die Verwirrte gemimt? Nachbarn aus der Frankfurter Nordweststadt erinnern sich viel später, auf die Anfang der 90er Jahre verstorbene Erna Krüger angesprochen, vor allem an deren Reizbarkeit: Die Dame, die ihre Katzen über alles liebt, nervt ihre Umwelt damit, stufenlos von reizender Freundlichkeit zu wüstesten Beschimpfungen überzugehen. Sieht sie auch rot, als Rosemarie Nitribitt sie am frühen Abend des 29. Oktober 1957 zum vierten Mal als Diebin beschimpft?

Die Kripo glaubt nicht daran. Sie prüft, wie die Akten belegen, auch nicht ernsthaft, ob Rosemarie Nitribitts Mutter womöglich auf schockierende Weise erfahren haben könnte, welchem Gewerbe ihre Tochter nachgeht. Und auch die beiden besten Freundinnen der Toten sind für die Frankfurter Ermittler nicht tatverdächtig, obwohl es im Verhältnis der Damenrunde auch und vor allem um wirtschaftliche Vorteile geht: Man kennt sich aus dem Mannequinkurs, gemeinsam haben sie aber auch die tatsächliche Berufstätigkeit, wo intime Treffen zu dritt zum Angebotsportfolio gehören. Speziell Rosemarie ist eifersüchtig auf ihre Kolleginnen, die Freiern begehrenswerter erscheinen als sie selbst. Eine der beiden, Renate, ebenfalls blond, spannt ihr nach einer Dreierkonferenz mal schnell den konservativen Verleger aus Niedersachsen aus.

Das Verhältnis kühlt daraufhin merklich ab: Von „Augen auskratzen" ist in den Vernehmungsprotokollen die Rede und davon, „zu allem fähig zu sein", wenn sich eine der Freundinnen den Harald aus Essen greifen würde. Belegt ist auch, dass eine der beiden schon von Rosemarie Nitribitts Tod weiß, bevor am Abend des 1. November 1957 die erste Nachricht im Radio läuft. Sie will es von einer anonymen Anruferin wissen, die nur den einen Satz sagt: „Ihre Freundin Nitribitt ist ermordet worden". Beide Damen sind Ende 1957 gut im Geschäft, sie leiden keine wirtschaftliche Not und gelten deshalb als nicht verdächtig, obwohl ihre Alibis nicht frei von Lücken sind. Beiden wird später übrigens ein Ausstieg aus dem Milieu gelingen, beide müssen dafür den Großraum Frankfurt nicht verlassen, und beide werden noch fast fünf Jahrzehnte später Gesprächsbitten mit Entrüstung ablehnen. Das ist verständlich: Zumindest eine von ihnen ist in besseren Frankfurter Kreisen, wohin sie durch Heirat gelangte, nie den Ruf losgeworden, „die Kollegin der Nitribitt" gewesen zu sein.

Jeder kann ihr Mörder sein, buchstäblich jeder, denn Rosemarie Nitribitt ist im alltäglichen Leben viel unvorsichtiger, als es den Anschein hat. Einerseits betätigt sie niemals den Türöffner, wenn ein Besucher das Kennwort „Rebecca" nicht kennt. Und trotzdem gibt sie ihren 190 SL mit einem Schlüsselbund in der Werkstatt ab, an dem auch ihre Haustürschlüssel hängen. Wo die Stammkundin mit dem schwarzen Cabriolet wohnt, weiß dort jeder, und jeder, der mit ihrem Auto zu tun hat, könnte sie in ihrer Wohnung überraschen. Das allerdings zählt zu den Gedanken, die sich die Kriminalpolizei nicht macht. Dass Rosemarie Nitribitt jedoch höchstpersönlich ihre Haustürschlüssel in Umlauf gegeben haben könnte, erfahren die Beamten von einem Informanten: Auch ihn halten sie für erstaunlich unverdächtig.

Ein 19-jähriger Sohn aus besserem Haus ist es, der die Schlüssel in ihrem Briefkasten gesehen haben will. Er wohnt in der Innenstadt, ist von der Blonden im schwarzen SL fasziniert und nutzt große Teile seiner Freizeit, um sie zu beobachten. Den Tatbestand des Stalking gibt es 1957 noch nicht, er würde die Obsession des Banklehrlings namens Wilfried jedoch treffend beschreiben. Er meldet sich früh bei der Polizei, zwei Tage nach Entdeckung der Leiche, aber nicht ganz freiwillig: Wilfried hat ihr Nelken ins Haus schicken lassen und seine Visitenkarte beigelegt. Offenbar hat Rosemarie Nitribitt sie weggeworfen, aber das kann er nicht wissen. Und jetzt sitzt er nervös bei der Kriminalpolizei und widerspricht sich in den beiden Vernehmungen, von denen eine im November 1957 und die andere, ausführlichere – typisch – erst im September 1958 stattfindet.

Seine Bekanntschaft mit dem Fräulein Nitribitt beginnt demnach im Spätsommer 1957, als sie ihn beim Spazierengehen in der Innenstadt aufgabelt – das übliche Spiel. Dann fahren sie im 190 SL kreuz und quer durch die City, und Rosemarie erzählt ihm davon, eine Nutte der Oberen Zehntausend zu sein. Sie verspricht dem schüchternen Wilfried, „in den Genuss einer schönen Nacht mit ihr zu kommen", wie er das nennt und nach seiner Aussage trotzdem ablehnt – weil sie behauptet, einen festen Freund zu haben.

Sie habe ihre Freier erpresst, gibt Wilfried anfangs zu wissen vor, weiß es dann aber doch nicht so genau. Und, ja, er sei nicht nur einmal, sondern öfter mit ihr durch die Innenstadt gefahren. Rosemarie Nitribitt besucht den Arztsohn offensichtlich auch nachts zu Hause, während seine Eltern im Jugoslawien-Urlaub sind, das jedenfalls weiß das drei Jahre ältere Dienstmädchen. Es kann sich plötzlich an nichts mehr erinnern, als die Befragung mit Wissen des jungen Gastgebers stattfindet, der nebenan wartet – dann ist da wohl auch nichts gewesen, wie die Kripo befindet.

Sie interessiert sich nicht einmal für das Alibi des jungen Mannes, der sich gespreizt ausdrückt und „zur Illustrierung meiner Person" angibt, die Nitribitt „nur aus jugendlicher Neugierde über einen größeren Zeitraum erstreckt intensiv zu beobachten". Dass unangemeldeter Besuch, der per Nachschlüssel in die Wohnung kommt, nicht zur Terminplanung einer vielbeschäftigten Hure passt, dass Wilfried mit seiner Aussage womöglich Nebelkerzen wirft, kommt den Ermittlern nicht in den Sinn. Wer soll in ihrer Wohnung warten, wenn sie nicht da ist, aber womöglich mit einem frisch aufgegabelten Zufallsfreier nach Hause kommt? Und wenn doch mal einer warten soll, weil er zum engsten Kreis ihrer Liebhaber zählt: Warum hat er dann keinen eigenen Schlüssel?

Eine schöne Nacht verspricht Rosemarie Nitribitt gerne mal, wenn sie einem schwarzhaarigen Jungen um die 20 begegnet, nur hält sie ihr Versprechen nicht immer und schickt den bereits erhitzten Verehrer auch mal weg, wenn sie es sich anders überlegt. Auch das ist aktenkundig, ebenso wie die Tatsache, dass ihr Fensterputzer bei seiner Arbeit im Schlafzimmer miterleben darf, wie sie dort einen eiligen Kunden bedient. Auch dem Glasreiniger macht sie handgreifliche Hoffnungen, worauf er

Nächte aus Neon. Frankfurt, Kaiserstraße, um 1957. Zwölf Jahre nach Ende des Zweiten Weltkriegs werden in der City schon die Parkplätze knapp. Wer hier seinen Sechszylinder abstellt, hat gute Chancen, von der attraktiven Blondine im offenen SL angesprochen zu werden.

– Originalton – „natürlich einen Harten kriegt", dann aber doch lieber gehen soll, weil sie in Zeitdruck ist. Vorher stiehlt er ihr noch 110 Mark aus der Barockkommode im Flur. Seine Auftraggeberin muss es später bemerken, denn als er wieder auftaucht, um die Fenster zu putzen, bleibt die Haustür zu. Das behauptet er wenigstens.

Rosemarie Nitribitt verliert die Contenance und wird schrill, wenn sie sich betrogen fühlt, das wissen später auch die ermittelnden Beamten. Dennoch interessieren sie sich nur am Rande für das Alibi des Informanten. Das gilt ebenso für einen weiteren jungen Mann aus besserem Haus, den sie beschimpft, weil er sie in seinen romantischen Wallungen „Reh" nennt, oder für einen anderen, der im Bett mit Rosemarie nicht glücklich wird: Ununterbrochen erteilt sie ihm Anweisungen, bis er schließlich aufgeben muss. Dass einer von ihnen die Beherrschung verliert, weil die Aparte plötzlich zickig oder zynisch wird, hält die Kriminalpolizei anscheinend für unglaubhaft.

Routine, das alles. Nebenspuren, nicht weiter wichtig. Auch dieser Vorgang: Einem Rechtsanwalt übergibt Rosemarie Nitribitt etwa ein Jahr vor ihrem Tod die Adresse eines Freiers, mit dem sie sich kurz zuvor gestritten hat. Wenn ihr etwas passiere, merkt sie an, solle er die Adresse an die Kriminalpolizei weiterreichen. Das geschieht bereits drei Tage, nachdem man ihre Leiche gefunden hat. Erstaunlich zügig ermitteln die Beamten die Adresse des 35-jährigen Mannes aus Offenbach, der mittlerweile umgezogen ist. Am gleichen Tag geht der Gesuchte in seiner Heimatstadt zur Polizei. Ganz offensichtlich ist er daran interessiert, seine Begegnung mit Rosemarie Nitribitt zu bagatellisieren. Sein mangelndes Geschick macht die Beamten keineswegs aufmerksam.

Er ist Fernfahrer von Beruf und Besitzer eines NSU-Motorrollers, gerät also nur versehentlich in die Fänge der Routinierten, weil er an einem Herbstabend des Jahres 1956 in einem geliehenen Opel Rekord durch Frankfurt fährt. Rosemarie Nitribitt kobert ihn an, er lädt sie zum Drink ein und glaubt, „die Frau benötigt für die Nacht einen Mann". Dass sie Geld verlangt, überrascht ihn erst in ihrer Wohnung. Er hat 50 Mark dabei, sie lacht ihn aus. Dann schreibt er einen Scheck über weitere 50 Mark aus, gerät mit seiner Gastgeberin aber in Streit, weil sie ihn nach dem Sex des Bettes verweisen will. Er bleibt über Nacht, fordert am frühen Morgen eine zweite Dienstleistung, die sie erst ablehnt und dann leidenschaftslos gewährt.

Als der Rekord-Fahrer die Wohnung verlässt, fühlt er sich „sehr ernüchtert". Den Scheck lässt er sperren, teilt es seiner Straßenbekanntschaft auch telefonisch mit, worauf die ihn am Telefon mit Worten beschimpft, die er später nicht mehr wiedergeben will. Und er droht ihr:

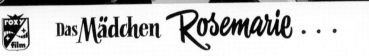

Stets zu Diensten. Es ist eine Szene aus dem 1958 gedrehten Spielfilm, aber eine sehr realistische: Rosemarie Nitribitt hat in vornehmen Frankfurter Hotels zwar Hausverbot, aber ihre Telefonnummer ist dort bekannt. Mindestens einmal schläft sie als Werbemaßnahme mit einem Empfangsmitarbeiter.

Wenn sie wage, gegen ihn vorzugehen, hole er sich sein ganzes Geld persönlich zurück. Rosemarie Nitribitt ist ängstlich genug, um die Sache nicht zu verfolgen. Das macht den Mann aus Offenbach scheinbar unverdächtig: Weder für den 29. noch für den 30. Oktober hat er ein Abend-Alibi, dennoch lassen es die Ermittler dabei bewenden. Insbesondere folgen sie dem Wunsch des Freiers, seine Frau nicht zu befragen, „damit unsere Ehe nicht gefährdet wird".

So tolerant sind sie, die Beamten, und das nicht nur einmal: Wilfried, der Stalker, macht sie auf einen Frankfurter Architekten aufmerksam, der vermögende arabische Freunde der Rosemarie kenne. Der bestätigt das, es seien einflussreiche Männer, die mitunter 500 und auch 1000

Mark für eine Nacht mit ihr bezahlt hätten, aber Namen nenne er auf keinen Fall, das müsse man verstehen. Stattgegeben, niemand geht dem Fall nach, keiner der freigiebigen Araber wird jemals befragt.

Es gibt auch keine Hinweise darauf, dass sich die Kriminalpolizei um einen Frankfurter Barbesitzer und Zuhälter kümmert, mit dem Rosemarie in den frühen 50er Jahren ein Verhältnis hat, in den sie damals „sehr verliebt" ist und mit dem sie wenige Tage vor ihrem Tod gesehen wird. Niemand interessiert sich für ihre Jugend in der Eifel, keiner erfährt die Geschichte ihres Freundes Peter, der lieber zur Fremdenlegion flüchtet als sie zu heiraten. Dass einer der Männer, die sie wirklich geliebt haben, etwas zu unvorbereitet von ihrem tatsächlichen Gewerbe erfahren haben könnte – es kann nicht sein, und auch dem letzten bekannten Besucher gelingt es, sich in den Augen der Polizei reinzuwaschen: Er, ein 50-jähriger Biedermann mit devoten Neigungen, wünscht sich am 29. Oktober gegen 14.45 Uhr die Peitsche, er wird von seiner ungeschminkten Domina eher flüchtig bedient, hat aber fast so viel Geld auf der Bank wie die Ermordete. Schütteres Alibi hin oder her: Er kann es schon seines Wohlstands wegen nicht gewesen sein.

Mit den Alibis ist es so eine Sache: Manche der Befragten müssen lediglich angeben, wo sie am Nachmittag des 29. Oktober gewesen sind, andere sollen auch noch belegen können, was sie in den beiden darauf folgenden Tagen gemacht haben. Intern aber geht die Kriminalpolizei bis zuletzt davon aus, dass Rosemarie Nitribitt nur bis zum frühen Abend des 29. gelebt haben kann – trotz fehlender Temperaturmessung am Tatort, und obwohl auch ihre Obduktion keine letzte Klarheit über den Todeszeitpunkt geben kann. Die Exkremente ihres im Schlafzimmer eingesperrten Pudels hätten helfen können, aber gerade dessen Ausscheidungen sind nicht mehr nachweisbar, wenn es sie überhaupt gegeben hat. Theoretisch, so muss die Frankfurter Gerichtsmedizin einräumen, kann Rosemarie Nitribitt ihrem Mörder tatsächlich erst am Tag vor ihrem Auffinden begegnet sein.

Zu den stärksten Argumenten, mit denen die Beamten diese Vermutung zu widerlegen versuchen, zählen die vielen kleinen Kratzer, die der Pudel an der hölzernen Schlafzimmertür hinterlassen hat. Das gilt als wichtigeres Indiz als die Aussagen der Zeugen, die Rosemarie Nitribitt noch bis zum späten Abend des 29. Oktober gesehen haben wollen: Was sie zu Protokoll geben, ist nach Kripo-Meinung „entweder widerspruchsvoll oder nicht bald nach der Entdeckung der Tat ausreichend überprüft worden" (sic!). Dass die meisten sich sehr präzise an ihre Beobachtung erinnern, dass beispielsweise die beiden Ober des Frankfurter Restaurants „Patrizier", Friedensstraße 6, auch noch genau wissen, was sie dort am späteren Abend des 29. Oktober gegessen und getrunken hat, ist unerheblich.

Vor allem passen die Aussagen nicht zum Terminkalender des Mannes, der Rosemarie Nitribitt nach Meinung der Frankfurter Kriminalpolizei umgebracht haben muss. Bereits ab Mitte Dezember 1957 hat die Polizei keine Zweifel an seiner Täterschaft und konzentriert die Ermittlungen fast ausschließlich auf ihn.

Rosemarie Nitribitts Freund Heinz Pohlmann, alias Peter, passt wie kein Zweiter, der in ihrem Adressbuch steht, auch ins Verbrecheralbum einer kleinkarierten Gesellschaft: Er ist vorbestraft, chronisch pleite und sexuell abartig, wie es damals amtlich heißt, wenn ein Mann auch Männer liebt. Ganz Deutschland wird davon erfahren.

IV. Hosen für den Staatsanwalt

„Weiter sah ich unter der Sonne Stätten des Gerichts, da war ein gottlos Wesen, und Stätten der Gerechtigkeit, da waren Gottlose.“

Prediger 3, 16

Historiker wissen, dass keiner so schön lügt wie ein Zeitzeuge. Das wenigstens ist heute auf der Suche nach Rosemarie Nitribitts Spuren kein ernsthaftes Problem, weil die meisten Zeitzeugen nicht mehr am Leben sind oder jede Aussage verweigern. Je näher einer dran war an der lebenden oder toten Rosemarie, desto weniger drängt es ihn zur Erinnerung. Im Zorn blicken die meisten zurück, die als Gesprächspartner in Frage kommen. Und nicht jeder nimmt sich am Telefon so viel Zeit wie ein ehemaliger Kriminalsekretär und Nitribitt-Ermittler, 84 Jahre alt, den schon die Interviewanfrage mehrere schlaflose Nächte kostet.

Warten auf Sensationen. Das bürgerliche Publikum steht am Morgen des 20. Juni 1960 Schlange vor dem Gerichtssaal. Als während der Verhandlung keine prominenten Namen fallen, lässt das Interesse etwas nach. Die Zeiten sind diskret.

Sicher hätte er Einiges zu sagen, wenn es nicht immer noch so schmerzhaft sei. Nicht jeder sei damals in der Mordkommission mit seiner Meinung durchgedrungen. Nur eines wolle er anmerken: „Seien Sie kritisch. Seien sie superkritisch. Es könnte alles auch ganz anders gewesen sein".

Ganz anders als die Vermutungen der Kriminalpolizei – oder die Unschuldsbeteuerungen jenes Mannes, den sie Ende 1957 für den Hauptverdächtigen hält? Ganz anders, als es später das Gericht sieht oder als es in den Ermittlungsakten steht? Anders, als es der wählenden Öffentlichkeit jener Jahre zuzumuten ist? Oder Teilen der besseren Gesellschaft? So weit geht er nicht, der viel jünger klingende Mann am Telefon, deshalb schweigt er, wünscht dann zum Abschied alles Gute und viel Glück bei den weiteren Recherchen.

Alles könnte auch ganz anders gewesen sein, das passt. „Ich hätte sehr viel mehr zu meiner Entlastung sagen können", lässt Heinz Pohlmann am Ende, nach der Gerichtsverhandlung, verlauten. Und er muss sich von niemandem fragen lassen, warum er es nicht getan hat. Statt dessen zieht auch er es vor, lebenslang zu schweigen. Er, und nur er, kann Rosemarie Nitribitt nach Meinung der Frankfurter Kriminalpolizei umgebracht haben. Mit dieser Theorie werden die Ermittler eine der größten Blamagen der deutschen Justizgeschichte erleben.

Dabei passt alles schön, speziell ins bürgerliche Gesellschaftsbild der 50er Jahre. Heinz Christian Pohlmann, Jahrgang 1921, geboren in Wuppertal, von Beruf Handelsvertreter, wohnhaft in Frankfurt, Röderbergweg 217, gehört zu den 60 Personen, die Rosemarie Nitribitt in ihrem Adressbuch verewigt hat. Dass der Reisende in Weizenkeimprodukten und die stadtbekannte Glamourfrau befreundet sind, wissen viele, die sie in Bars, Cafés und Kneipen gesehen haben und ihn mitunter für ihren Loddel halten. Für Heinz Pohlmann ist die Bekanntschaft mit Rosemarie Nitribitt kein gesellschaftliches Problem, im Gegenteil: Die meisten sei-

Ein ehrenwertes Haus. Im Röderbergweg 217 wohnt seit 1955 Heinz Pohlmann, ein Hallodri, der nicht wirklich in dieses stockbürgerliche Ambiente passt. Kurz bevor ihn die Polizei verhaftet, kündigt er den Mietvertrag: Dass er sich nach München absetzen will, spricht in den Augen der Ermittler kaum für seine Unschuld (Foto: 2006).

ner Kunden sitzen außerhalb Frankfurts. Und die Freundschaft mit Rosemarie lenkt lokale Beobachter davon ab, dass er in Frankfurter Schwulenkreisen verkehrt.

„Es war eine prima Zweckgemeinschaft", urteilt ein damaliger Szenegänger, der sie beide kannte. Pohlmann nimmt seine Busenfreundin sogar in die „Barbarina" mit, einen stadtbekannten Männertreff, der – zeittypisch versteckt – in einer dunklen Seitengasse der Goethestraße liegt. Außerordentlich selbstbewusst treten die beiden dort nach der Erinnerung von Zeitzeugen auf. Normalerweise sehen sich Besucher ängstlich um, bevor sie die kleine Bar mit ihren höchstens 30 Sitzplätzen betreten. Sie gehen erst dann durch die Tür, wenn sie niemand dabei beobachten kann.

Geschickte Tarnung ist für Männer, die Männer lieben, in den 50er Jahren eine Notwendigkeit, selbst in einer weltoffenen Stadt wie Frankfurt. Homosexuelle heißen im Volksmund „175er", nach dem noch immer geltenden Paragrafen, der intimen Kontakt zwischen Männern unter Strafe stellt. Noch bis tief in die 50er Jahre inszeniert die Frankfurter Staatsanwaltschaft regelrechte Treibjagden im Homomilieu. Wer enttarnt wird, ist gesellschaftlich erledigt, weil sich Ermittlungen in der Regel auch am Arbeitsplatz nicht geheim halten lassen. Als etwa ein stadtbekannter Stricher 1951 bei der Kripo sein Notizbuch auspackt, flüchten drei seiner zahlenden Freunde in den Freitod.

Wahrscheinlich ist Heinz Pohlmann, den sie in der Szene „Peter" nennen, in Wirklichkeit mehr ambivalent veranlagt, denn nachweislich schläft er gelegentlich auch mit Frauen. Das wird seine Lage nicht verbessern, als seine Freundin Rosemarie tot ist. So wie Pohlmann generell nicht in den Mainstream seiner Zeit passt: Ein notorischer Angeber und Lügner ist er, der sich gerne mit Doktor- und Adelstiteln schmückt. Er ist mehrmals wegen Betrugs und Unterschlagung vorbestraft, zudem neigt Heinz Pohlmann zu cholerischen Anwandlungen und Gewalttätigkeiten.

Der Mann ist Verkäufer von Reformhausprodukten der Marke Dr. Ritter, unter diesem Namen stellt er sich häufig vor. „Er war eine Erscheinung, so lässt sich das sagen. Die schwule Szene war regelrecht fasziniert von seinem Auftreten, dann aber schnell ernüchtert. Als seine Freundin Rosemarie 1957 starb, wurde er schon als Spinner gemieden", sagt ein früherer Bekannter. Pohlmann ist damals als Schnorrer bekannt; er hat nie Geld, weil er über seine Verhältnisse lebt: Der alerte Typ besitzt keine eigenen Möbel, trägt jedoch ausschließlich Maßanzüge. Er schläft auf einer Klappcouch und ernährt sich im Wesentlichen von Frikadellenbrötchen, ist aber bevorzugt in Mercedes-Automobilen unterwegs. Sein Autofimmel überfordert später selbst die Ermittler: Zeugen sehen ihn im Sommer und Herbst 1957 nicht nur in seinem eigenen Wagen, sondern auch in einer Vielzahl von geliehenen Fahrzeugen. Zu seinen Hobbys zählt, Neuwagen Probe zu fahren, sie zu ordern und dann wieder abzubestellen. Obwohl er als Verkaufstalent gilt und bis zu 3000 Mark brutto im Monat verdient, sitzt er auf einem Schuldenberg, der zügig anwächst.

Kurz bevor Rosemarie Nitribitt stirbt, steht Heinz Pohlmann das Wasser bis zum Hals. Sein Kölner Arbeitgeber droht ihn zu feuern, vor allem jedoch mit einer Anzeige wegen Unterschlagung. Der Handelsvertreter Heinz Pohlmann, dienstlich unterwegs zu Reformhäusern in Hessen und Rheinland-Pfalz, hat im großen Stil Mühlen- und Diätprodukte aus dem Warenlager mitgehen lassen und unter der Hand verkauft. Mitunter kassiert er in der Zeit von Mai bis September 1957 auch offene Rechungsbeträge, die er in die eigene Tasche steckt. Zudem hat ihm sein Arbeitgeber 1956 den Kauf zweier Neuwagen vorfinanziert, erst eines Ford Taunus 15 M und dann eines Mercedes 190, dessen monatliche Raten Pohlmann längst nicht mehr bedienen kann. Das Kölner Unternehmen hat den fast neuen Mercedes deshalb kurzerhand sichergestellt.

Zwischen 11.000 und 14.000 Mark schuldet er Ende Oktober 1957 alleine dieser Firma, die Angaben schwanken je nach Quelle und Verrechnungsweise; weitere 10.000 Mark fordern einige seiner ehemaligen Arbeitgeber und eine Vielzahl von Gläubigern, denen Pohlmann kleinere Summen schuldig geblieben ist. Weder seinen Zahnarzt kann er zuletzt bezahlen noch eine Rechnung über zwei neue Autoreifen. Vor allem: Heinz Pohlmanns Chef hat ihn Ende September aus dem regulären Außendienst entlassen und ihm als letzte Chance eine Tätigkeit zugewiesen, bei der ihm keine Unterschlagungen möglich sind. Gegen 600 Mark Festgehalt soll er Weizenkeimkuchen an Futtermittelfirmen verkaufen und wird dazu vergattert, täglich detaillierte Besuchsberichte zu schreiben.

Weizenkeimkuchen sind ein schwer verkäufliches Neben- und Abfallprodukt: Pohlmanns Ergebnisse fallen flau aus, das Geld reicht ihm vorne und hinten nicht. Trotzdem bestellt er Mitte Oktober wieder einen Mercedes, weil ihm sein Firmenwagen, ein grauer Ford 15 M Kombi, nicht repräsentativ genug ist. Drei Wochen später, am 5. November

1957, bekommt er die Kündigung. Die drohende Anzeige, das weiß Heinz Pohlmann, hätte eine Anklage wegen Rückfallbetrugs zur Folge. Für diesen Fall haben ihm die Richter, die ihn 1954 zum letzten Mal verurteilten, einen längeren Zuchthausaufenthalt angedroht. Er stehe, so urteilen sie, vor dem Abgleiten in eine Berufsverbrecherkarriere.

Seine Freude am Fahren ist es, mit der sich Heinz Pohlmann zum ersten Mal ins Gespräch der Ermittler bringt – in Verbindung mit seiner guten Wohnadresse: Der hintere Teil des Röderbergwegs im Frankfurter Osten ist in den 50er Jahren kein Domizil für Vertreter, sondern mehr eine Adresse der Ärzte, Rechtsanwälte, besseren Beamten und mittleren Unternehmer, wie sie in Pohlmanns direkter Nachbarschaft zu Hause sind. Wahrscheinlich deshalb interessiert sich die Polizei sofort für seine Wohnung, als Pohlmann am 2. November 1957 zum ersten Mal im Dienstzimmer 232 des Präsidiums vorspricht.

Ein Kriminalsekretär soll ihn, den auffällig nervösen Zeugen, nach Hause begleiten und sich dort umsehen. Sie steigen auf Pohlmanns Wunsch in seinen Ford. Auf der Fahrt freut sich der Nitribitt-Vertraute etwas zu laut auf seinen neuen Mercedes, eine Luxusanschaffung, die in seltsamem Kontrast zum schütteren Ambiente seiner Wohnung steht. „Andere bauen sich große Häuser, mein Hobby sind elegante Wagen", erklärt Pohlmann und zieht hastig an seiner Zigarette der Marke Overstolz.

Der Mann lebt auf großem Fuß – und passt damit genau ins Fahndungsraster. Nur 1200 Mark und ein paar Dollarscheine haben die Ermittler am Tag zuvor in Rosemarie Nitribitts Wohnung gefunden. Dass sie in der Regel größere Bargeldsummen aufbewahrte, erfahren sie bald. Jeder, der sie etwas näher kennt, weiß 1957 von dicken Geldscheinbündeln in ihrer Handtasche und der kleinen, blauen Geldkassette in ihrem Wohnzimmerschrank. Ein Girokonto hat Rosemarie Nitribitt nicht, weil sie ohne belegbare Gehaltseinkünfte wohl auch keines bekäme. Deshalb begleicht sie selbst große Summen grundsätzlich cash.

Es sind Ende Oktober 1957 wahrscheinlich große Summen, die sie in ihrer Wohnung aufbewahrt. Zwei Monate zuvor hat sie zum letzten Mal ihren Banktresor aufgefüllt, noch länger liegen die Einzahlungen auf ihre beiden Sparbücher zurück. Mit einem Verkäufer der Frankfurter Mercedes-Niederlassung verhandelt sie kurz vor ihrem Tod über einen Neuwagen für rund 34.000 Mark, den sie bar zu bezahlen gedenkt – ein detailliertes Angebot liegt ihr schon vor, sie wünscht ein 300 S Coupé mit schwarzem Lack und dunkelgrünen Lederpolstern. Zudem lässt sich Rosemarie Nitribitt bei einem Juwelier in der Kaiserstraße einen dreikarätigen Brillantring reservieren, den sie am 1. oder 2. November abholen will. Auch ihm und seinem Sohn ist die solvente Blonde als gute Sofortzahlerin bekannt, weshalb sie ihr das 18.000 Mark teure Edelstück tatsächlich zurücklegen und zusagen, auf Wunsch ihren kurz zuvor angeschafften Zweikaräter in Zahlung zu nehmen.

Heinz Pohlmann, den seine Freundin neckisch „Pohlmännchen" ruft, zählt zu ihren letzten bekannten Besuchern, das gibt er auch zu. Rosemarie Nitribitt bittet ihn telefonisch um seinen Besuch, wie sie das häufig tut. Pohlmann kommt am 29. Oktober gegen 13 Uhr. Er ist stark erkältet, trinkt Slibowitz aus der Flasche im Wohnzimmer, die später keine Fingerspuren aufweisen wird, und kocht ihr Milchreis, von dem sie eine kleine Portion isst. Milchreis wird später auch in ihrem Magen gefunden, er muss ihre letzte Mahlzeit gewesen sein. Aber sie isst auch noch davon, nachdem sie später ihren letzten zahlenden Kunden ausgepeitscht hat. Der steht gegen 14.45 Uhr vor ihrer Haustür und soll nicht sehen, dass Pohlmann bei ihr ist, weshalb der sich in der Küche verstecken und dann diskret gehen soll. „Frieda, vergiss´ das Brot nicht", ruft sie ihm hinterher. Es sind nach seiner Aussage die letzten Worte, die er von seiner Freundin Rosemarie hört.

Dass sie Angst hat und sich wieder einmal einsam fühlt, das berichtet der letzte Kunde im späteren Verhör ebenso wie Pohlmann. Der letzte

Kunde aber ist den Ermittlern schon deshalb unverdächtig, weil er Geld hat und dennoch bescheiden lebt. Bei Pohlmann ist es umgekehrt: Er, der selbst einem befreundeten Lebensmittelhändler seit Monaten den Betrag von 29 Mark schuldet, gibt das Geld plötzlich mit vollen Händen aus.

Einen Mercedes 190, den er am 10. Oktober geordert hat, bestellt er nicht wieder ab wie kurz zuvor einen VW Karmann-Ghia. Statt dessen taucht Pohlmann am 31. Oktober in der Frankfurter Mercedes-Niederlassung auf und kauft einen Vorführwagen, weil ihm angeblich die Lieferzeit zu lang ist. Dabei hat er seinen Neuwagen ursprünglich in einem wenig gewünschten Metallicblau bestellt, das die Wartezeit eher verlängert hätte. Jetzt kann es ihm nicht schnell genug gehen: Er wählt nach minutenkurzer Bedenkzeit eine schwarze 190er Limousine für 9000 Mark, lässt noch Extras nachrüsten und bezahlt am 5. November 1957 nicht nur das fast neue Auto, sondern auch Steuer und Versicherung für ein Jahr im Voraus. Tags darauf überweist er 5000 Mark an seinen früheren Arbeitgeber; weitere 7300 Mark erstattet er in Tranchen bis zum 11. November zurück. Eine reiche Tante im Odenwald und ein Verwandter aus Marokko hätten ihm aus der Geldklemme geholfen, wie er in einem Gespräch mit seinem früheren Chef berichtet.

Seit Anfang November 1957 ist Heinz Pohlmann arbeitslos; er lebt also von den Rücklagen, die er eigentlich nicht haben kann. Es geht ihm schlecht in dieser Zeit, nicht nur deshalb, weil ihn immer häufiger die Kriminalpolizei ins Präsidium einbestellt: Sein sieben Jahre jüngerer Freund, ein Angestellter der US-Army, mit dem er seit sieben Jahren zusammenlebt, will das längst erkaltete Verhältnis lösen und ausziehen. Zur selben Zeit geht offenbar noch eine andere gleichgeschlechtliche Verbindung in die Brüche, auf deren Zukunft Pohlmann spekuliert hat.

Der Frankfurter Psychiater Dr. Dr. Hans Giese, den Heinz Pohlmann Ende November konsultiert, berichtet nach der ersten Sitzung von einem depressiven Patienten, der unter dauernder Schlaflosigkeit und Angstzuständen leide, der „haltlos und ungeordnet sowie in jeder menschlichen Hinsicht äußerst gefährdet" sei. Gieses aktenkundiges Urteil ist schon deshalb bemerkenswert, weil es keine zeittypischen Ressentiments gegen Schwule enthält: Der Psychiater, Universitätsdozent und Leiter des Frankfurter Instituts für Sexualforschung ist selbst homosexuell und gilt als einer der prominentesten Kämpfer gegen den Strafparagrafen 175. Trotzdem hält es auch Giese nicht für ausgeschlossen, dass sein Patient im Affekt gemordet haben könnte.

Dem Mann ist alles zuzutrauen, so sieht es die Frankfurter Kripo, und zwar schon bevor sie sein Vorleben erforscht hat. Ab dem 10. Dezember 1957 konzentriert sich die Mordkommission auf Heinz Pohlmann als Hauptverdächtigen. Mit fast wissenschaftlicher Präzision prüft sie, ob seine Kriegserlebnisse den Tatsachen entsprechen, und scheut keinen Aufwand, seine in der gesamten Republik versprengten Wehrmachts-Kameraden zu ermitteln. Kein Reformhausbesitzer zwischen Frankfurt-Fechenheim und Kaiserslautern, dem Pohlmann einmal Diätprodukte verkauft hat und der 1958 keinen Besuch von der Frankfurter Kripo bekäme. Der Aufwand entbehrt nicht einer gewissen Absurdität: Während prominente Freier der Rosemarie Nitribitt auch ohne Alibi fast unbehelligt bleiben, ist es den Frankfurter Ermittlern schon eine gesonderte Notiz wert, dass Heinz Pohlmann einem Reformhausbesitzer in Ludwigshafen-Friesenheim einen Fahrradständer mit Werbeaufschrift versprochen und nicht geliefert hat. Andererseits lohnt sich die Recherche schon deshalb, weil sie jede frühe Vermutung der Kripo bestätigt: Heinz Pohlmanns Leben ist bis Ende 1957 eine Aneinanderreihung von hochfliegenden Plänen, die gescheitert sind, und skurrilen Lügengeschichten. „Er log schon, wenn er nur Guten Tag sagte", gibt ein Bekannter von ihm zu Protokoll: Einer von vielen, die ihn aus ihrem Leben streichen, sobald sie ihn besser kennen.

Heinz Christian Pohlmann, der gerne vorgibt, in Stettin Betriebswirtschaft studiert zu haben, hat in Wirklichkeit einen Volksschulabschluss und wird als kaufmännischer Lehrling nach drei Wochen vor die Tür gesetzt, weil er in die Portokasse gegriffen hat. Eine Lehre zum Landwirtschaftlichen Gesellen besteht er 1940 mit der Abschlussnote „Ausreichend", wird später aber gerne mit falschen Doktortiteln prahlen – speziell dann, wenn er sich im Schauraum eines Autohauses für den Erwerb eines Neuwagens interessiert. 1942 verurteilt ihn ein deutsches Militärgericht in Frankreich wegen Plünderns zu zwei Jahren und sechs Monaten Gefängnis: Er ist mit einer Pistole zum „Organisieren" aufgebrochen, „weil das Essen so schlecht war". Der Schütze Pohlmann sitzt allerdings nur sechs Wochen verschärften Arrests ab, kommt zu Bewährungseinheiten nach Ostpreußen, wo er eine Fliegerkombination stiehlt und sich als Leutnant ausgibt. Sogar einen frisierten Wehrmachtsausweis trägt er bei sich und prahlt auf Heimaturlaub in Wuppertal-Elberfeld mit seinen Kontakten zu Hermann Göring. Dessen Frau Emmy habe er zu betreuen und ins Kino oder Theater auszuführen, phantasiert Pohlmann. Das Kriegsende verbringt er in einem Lazarett in Bad Wildungen: Der Hochstapler hat sich offenbar beigebracht, epileptische Anfälle zu simulieren.

Alleine seine Kriegsbiografie reicht in den 50er Jahren für die gesellschaftliche Ächtung: Typen wie Pohlmann stören das Bild der sauberen Wehrmacht, das die bürgerliche Mitte der Adenauer-Ära gerne sehen möchte. In ein gesellschaftlich akzeptiertes Leben zieht es Heinz Pohlmann nicht mehr zurück: Bereits 1946 hat er die erste Vorstrafe wegen Betrugs am Hals. Mitte der 40er Jahre beginnt er, sich auch für Männer zu interessieren, und zieht 1947 nach Frankfurt, wo er sich mit gefälschten Zeugnissen einen Job bei einer Feinkostfabrik verschafft. Er verliert ihn, als er Geld veruntreut, und biegt sich an der Schreibmaschine eine neue, noch schillerndere Biografie zurecht. Pohlmann wird das 1958 in Vernehmungen „mit reinem Geltungsbedürfnis" erklären. Sein sicheres

Auftreten macht es ihm leicht, neue Jobs zu finden, wo er anfangs stets mit starken Verkaufserfolgen brilliert und dann an seinem Hang zu Eigentumsdelikten scheitert. Er ist 1957 dreimal vorbestraft, die Wehrmachtsverurteilung nicht mitgerechnet.

Nicht einmal sein Vater glaubt ihm noch ein Wort. Heinz Pohlmann behauptet, mit dem Schauspieler Horst Buchholz im Bett gewesen zu sein, und präsentiert Freunden einen schwarzhaarigen Jüngling, der sich als der „Halbstarken"-Hauptdarsteller ausgibt. Sogar Autogramme verteilt er, mit Widmung, dummerweise aber auf der falschen Seite der Autogrammkarte. Und Kontaktleute aus der Schwulenszene berichten der Kriminalpolizei, dass Pohlmann nachts manchmal mit Strichern in den Stadtwald fahre, die er nach dem Sex einfach vor der Stadt stehen lasse.

Das lässt sich schon deshalb nicht beweisen, weil Schweigen zur Zeit des noch in nationalsozialistischer Verschärfung geltenden Paragrafen 175 das wichtigste Gesetz für die schwule Szene ist. Die Strafbarkeit gleichgeschlechtlicher Handlungen lässt Raum für die Perfidie anonymer Bezichtigungen und versiegelt die Lippen all jener Zeugen, die womöglich wissen, wie es wirklich ist. Einer der Männer, die von der Mordkommission ausfindig gemacht werden, ist nur deshalb vorbestraft, weil er in einem nächtlichen Strandbad mit einem Freund „bei wechselseitiger Masturbation ertappt" wurde. Von passender Einsilbigkeit ist seine Aussage. „Die Angst verband uns und ließ uns in Gleichgesinnten zuerst den Leidensgenossen sehen", berichtet viele Jahre später ein Kenner der Frankfurter Szene, der wegen seiner Homosexualität mehrfach im Gefängnis saß. „Selbst wenn eine Aussage geholfen hätte, den Fall aufzuklären, hätte keiner freiwillig ausgepackt", sagt ein früherer „Barbarina"-Stammgast.

Dennoch trifft die Kripo immer wieder auf Hinweise darauf, dass Heinz Pohlmann prominente Frankfurter Szenegänger erpresst haben könnte. Und zudem häufen sich Aussagen, die auf sein cholerisches

Naturell hinweisen: Wenn der Mann mit den Maßanzügen zu viel getrunken hat, dann reißt mitunter der Faden; er rastet aus, provoziert andere Kneipengäste und prügelt sich. „Er konnte sehr brutal werden", sagt eine Nachbarin. Seinem Exfreund Heinz habe er eine heiße Brat-pfanne samt Koteletts über den Kopf geschlagen, was der nicht bestätigen will, immerhin aber von Ohrfeigen und anderen Tätlichkeiten berichtet. Auch das passt zum möglichen Tathergang in der Stiftstraße, zumal Pohl-mann selbst davon berichtet, bei seinem letzten Besuch eine Reihe von Schnäpsen gekippt zu haben.

Sie küssten und sie schlugen sich, dafür gibt es eine Reihe von Indi-zien. Dass sich Rosemarie und ihr Pohlmännchen öfter stritten, mitunter vor Zuhörern anschrien, wissen eine Reihe von Zeugen. Dass sie mitei-nander geschlafen haben, behauptet Pohlmann speziell dann, wenn es ihm gesellschaftlich nutzt („Ich bin eben ihr Typ") – es könnte auch eine seiner nützlichen Lügen sein, wenn die Polizei nicht ein Schamhaar in ihrem Bett finden würde, das eindeutig von ihm stammt. Einmal führt er ihr einen jener dunkelhaarigen 21-Jährigen zu, die sie unentgeltlich schätzt; er darf dafür im Zimmer bleiben und masturbieren, während sie mit dem jungen Mann schläft. Aber ausgerechnet der junge Liebhaber erinnert sich später daran, wie abschätzig Pohlmann über seine Freundin gesprochen habe: Er habe der alten Sau schon häufiger in die Fresse gehauen. Zudem macht Pohlmann den Besucher darauf aufmerksam, dass Rosemarie dumm genug sei, mehr als 20.000 Mark Bargeld in ihrem Wohnzimmerschrank herumliegen zu haben.

Heinz Pohlmann pflegt sich, pardon, wie ein Arsch zu benehmen. Das begünstigt seine Vorverurteilung ebenso wie die notorische Sensati-onsgeilheit des Verdächtigen: Er ist, wie Freunde berichten, ein Typ, der Verabredungen platzen lässt, um einem Feuerwehrwagen zum Einsatzort hinterherzufahren und sich am Unglück Anderer zu ergötzen. Jetzt genießt er es sichtlich, im Mittelpunkt zu stehen und Freunden von den verwischten Blutflecken auf dem Parkettboden des Mordzimmers zu berichten. Das kann nur der Täter wissen. Oder jemand, der am Tatort war. Oder wenigstens einer, der die Tatortfotos kennt. Ob sie Pohlmann während der Vernehmungen tatsächlich gesehen hat, kann später keiner der Ermittler mit Gewissheit sagen.

Mit wirklichen Tatindizien hingegen tut sich die Frankfurter Kripo trotz aller Mühe schwer. Das beginnt damit, dass Pohlmann seine Freundin Rosemarie im Oktober 1957 nicht umbringen müsste, um an ihr Geld zu kommen. Er kennt ihre Gewohnheiten gut genug, um unbemerkt in ihre Kasse greifen zu können, wie es in zwei oder drei Fällen auch Freier getan haben. Vor allem hat er bei seinen häufigen Besuchen in ihrer Wohnung wohl auch die Möglichkeit, einen der Haustürschlüssel mitgehen zu lassen. Und, sollte es stimmen, dass er Teile seines Einkommens mit Erpressung bestreitet: Er weiß kurz vor dem Tod seiner Freundin genug über ihren Beruf und die illegalen Einkünfte, um Geld von ihr fordern zu können. Theoretisch. Aber in der Praxis spricht ja alles für eine Gesprächssituation, die im Wohnzimmer der Rosemarie Nitribitt außer Kontrolle geraten ist.

Dazu passt Pohlmanns löchriges Alibi für den späten Nachmittag des 29. Oktober und auch eine Beobachtung seines Mitbewohners: Als der am Abend des vermeintlichen Tattages nach Hause kommt, trifft er Pohlmann zitternd, „wie einen Wahnsinnigen schwitzend" und mit einem Kratzer im Gesicht an. Pohlmann wiederum sagt, er sei an einer heftigen Grippe erkrankt gewesen und habe eine Entzündung am Mund gehabt. Dass er schon schweißtriefend im Wohnzimmer der Rosemarie Nitribitt saß, bestätigt zudem deren Putzfrau Erna Krüger.

Aber: Am gleichen Nachmittag liefert Pohlmann bei einer Nachbarin eine hellgraue Anzughose ab. Die Bekannte will sie einem Schneider zum Ändern mitbringen, macht Pohlmann darauf aufmerksam, dass das Hosenbein mit dunkelroten Flecken beschmutzt ist. Es könne, so meint sie im Verhör, Blut gewesen sein, während Pohlmann später eine Reihe anderer Möglichkeiten serviert. Vorher aber reinigt er die Hose mit Fleckenwasser, um dann zu versuchen, sie auf linkische Weise verschwinden zu lassen: Pohlmann trägt das Kleidungsstück, während er einem befreundeten Gastwirt bei Renovierungsarbeiten hilft, und stopft es dann in den Plattenschrank der Kneipe.

Bevor er am 2. November zur Polizei geht, fährt er zu Bekannten in den Odenwald, um dort ein gut verschnürtes Päckchen zu deponieren: Es enthalte Weizenkeimpräparate seines Arbeitgebers, behauptet er, ein Kunde aus der Gegend wolle sie abholen. Als das vier Tage lang nicht geschieht, holt er das Paket wieder ab, weshalb ihm die Ermittler später unterstellen werden, er habe so das gestohlene Geld kurzfristig in Sicherheit gebracht. Später stellt sich noch heraus, dass Heinz Pohlmann am vermuteten Tattag nicht nur Zugang zu seinem hellgrauen Ford Kombi hat, sondern auch zu einer schwarzen Borgward-Isabella-Limousine, die einem seiner Bekannten gehört. Daher müsse er es gewesen sein, der am gleichen Nachmittag mit kreischenden Reifen aus dem Hof des Hauses Stiftstraße 36 gebogen sei.

Das Indiziengebäude steht, wenn auch im Rohbau. Seine Höhe genügt, um Heinz Pohlmann am Abend des 6. Februar 1958 verhaften und vom Präsidium ins Polizeigefängnis in der Frankfurter Klapperfeldstraße bringen zu lassen. Zuvor, seit neun Uhr morgens, geht es in einem Verhör um seine finanzielle Situation: Er habe Ersparnisse von rund 20.000 Mark in der Wohnung gehabt, darauf besteht er, und habe seine Schulden nicht zurückgezahlt, weil er sich mit dem Geld habe selbständig machen wollen. Das Geld stamme aus besseren Zeiten, neueren

Unter Verdacht. Heinz Pohlmann, ein bisexueller Freund der Ermordeten, ist für die Frankfurter Kriminalpolizei zweifelsfrei der Täter. Vor Pressefotografen posiert er mit der grauen, von ominösen Flecken gereinigten Anzughose, die den Ermittlern als Belastungsindiz dient.

Unterschlagungen und dem Honorar sexueller Handlungen, es habe in einem Fach seines Schreibschranks gelegen, bestimmt – aber das Fach, so notiert die Kripo bereits am 2. November 1957, ist leer. „Sie haben sich viele Chancen selbst verdorben", kommentiert Kripo-Chef Kalk nach dem gescheiterten Versuch, den Verdächtigen zu einem Geständnis zu bewegen. Pohlmann bleibt hart: „Ich bin kein Mörder – und auch kein Totschläger". Dass er seinen Abgang vorbereitet, bevor ihn die Kripo festnimmt, kann er jedoch nicht entkräften: Kurz zuvor hat er seine Wohnung gekündigt und seinem Vermieter erklärt, im Süden Frankfurts bauen zu wollen. In Wirklichkeit plant er offenbar, sich nach München abzusetzen.

Nicht nur Pohlmann leistet sich Patzer, sondern auch die Kriminalpolizei. Als der Verdächtige umschwenkt und behauptet, er habe das Geld vor seinem Gang zur Polizei unter dem Schuhschrank seiner Küche versteckt, scheint er sich endgültig zu verraten. Denn der Schuhschrank sei so schwer, dass ihn zwei Mann gemeinsam nicht anheben könnten, wie ihm die Ermittler vorhalten. Es kommt zum Ortstermin in Pohlmanns Wohnung, wo es ihm mühelos gelingt, den Schrank mit Hilfe eines Schraubenziehers drei Mal hintereinander zu lupfen.

Ein weiteres Eigentor schießt die Frankfurter Kriminalpolizei, als sie Pohlmann dem Zeugen gegenüberstellt, der das Auto des Mörders am Nachmittag des 29. Oktober in der Hofeinfahrt gesehen haben will. Er kann den Fahrer nur für Sekundenbruchteile wahrgenommen haben; zudem findet die Gegenüberstellung statt, als eine Frankfurter Boulevardzeitung bereits ein Foto Pohlmanns abgedruckt hat. Der ist der einzige Unrasierte von zehn Männern, die zur Gegenüberstellung in dunklen Personenwagen sitzen, weil er die Nacht überraschend nicht im Polizei-, sondern im Untersuchungsgefängnis verbracht hat. Außerdem hat der Zeuge, von Beruf Gärtnermeister, den Verdächtigen schon vorher gesehen: Als Mitglied einer Trauergesellschaft war Pohlmann bereits bei ihm

Ortstermin in Pohlmanns früherer Wohnung, 1959. Der korrekt gekleidete Verdächtige lächelt zurecht, denn er hat die Ermittler als Tölpel entlarvt. Es geht um den Schuhschrank, den angeblich zwei Mann nicht anheben können. Pohmann schafft es alleine – und macht damit sein Geldversteck ein Stück glaubhafter.

im Geschäft gewesen, um Grabschmuck auszuwählen, und hatte im Wohnzimmer des Zeugen Weinbrand getrunken. Während des späteren Prozesses wird sich das Gericht daher weigern, die Spur zu berücksichtigen, und auch die Zeugenaussage eines Ermittlers zu Pohlmanns wirtschaftlichen Verhältnissen nicht hören wollen: Der Beamte erzähle „Dinge vom Hörensagen", habe aber keine gesicherten Erkenntnisse.

Vorerst aber sitzt Heinz Pohlmann in Untersuchungshaft und sieht, dass im Frühjahr 1958 fast jeder Deutsche seinen Namen kennt. Er ist im Gefängnis zwar streng isoliert, hat keinen Kontakt zu Mitgefangenen und erhält offiziell keine Zeitungen, beim Hofgang regnen die ausgerissenen Artikel über ihn aber aus den Zellen der Mitgefangenen. So erfährt er, dass die Polizei am 8. Februar 1958 die Festnahme eines Verdächtigen bekannt gibt. Pohlmanns voller Name, Beruf und Adresse stehen drei Tage später in den Blättern. Als der Frankfurter Oberstaatsanwalt Wolf in einer Pressekonferenz das Vorstrafenregister Pohlmanns ausbreitet, sieht er kein Problem darin, auch dessen Verurteilungen nach NS-Militärrecht zu veröffentlichen. Zudem, so teilt Wolf mit, seien in Rosemarie Nitribitts Wohnung Spuren gefunden worden, die klar auf Pohlmann als Täter hinweisen. Dass es nur Fingerspuren sind, sagt Wolf nicht – dabei hat Pohlmann nie bestritten, häufiger Gast in der Stiftstraße 36 gewesen zu sein.

Eine der heißesten Spuren kühlt bereits im Mai 1958 ab: Das Wiesbadener Bundeskriminalamt stellt fest, dass die roten Flecken auf Pohlmanns grauer Anzughose auch von Rost stammen könnten. Das ist eine der Erklärungen, die er schon vorher hatte: Pohlmann behauptet, dass die Heizungsanlage seines Ford 15 M Kombi undicht gewesen sei und bei hohem Tempo häufig ein Kühlwasserstrahl aus einem nicht richtig befestigten Schlauch ausgetreten sei. Das ist, wie ein Gutachter nach einer Prüfung des Firmenwagens feststellt, durchaus glaubhaft. Dass Pohlmanns Hose in den Ermittlungen der Kriminalpolizei eigentlich gar keine Rolle spielen dürfte, wird sich erst einige Zeit später zeigen.

Die nächste Niederlage für die Frankfurter Ermittler: Am 29. Dezember 1958 stellt die Zweite Strafkammer des Landgerichts Frankfurts fest, dass kein dringender Tatverdacht mehr gegen Heinz Pohlmann besteht, und hebt den Haftbefehl auf. Eine Beschwerde der Staatsanwaltschaft bügelt die Strafkammer kurze Zeit später ab und gibt einen Vorgeschmack darauf, welchen Wert sie der Ermittlungsarbeit beimisst.

Noch am Abend des 29. Dezember hält Pohlmann in Frankfurt eine erste improvisierte Pressekonferenz ab, die selbst den Vertreter der „Frankfurter Rundschau" jede journalistische Grundregel vergessen lässt: „Wir glauben nicht, daß wir einem Mörder gegenüber saßen", schreibt er bereits im Vorspann seiner Geschichte und nimmt dem eleganten Erzäh-

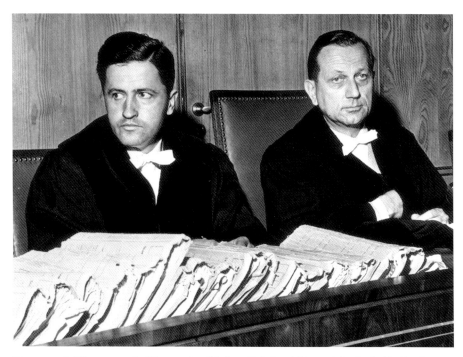

Prozess mit Blamagen. In Klausur hat Richter Reinhard Dreysel (rechts) die Ermittlungsakten durchgeackert, er ist dabei auf zahlreiche Ungereimtheiten gestoßen. Dreysel glaubt nicht an Pohlmanns Unschuld, er hält ihn jedoch für einen Dieb, nicht für einen Raubmörder. Ullstein-Foto vom 20. Juni 1960, dem ersten Verhandlungstag.

ler auch sonst alles ab, was er zur Kenntnis gibt. So legt Pohlmann großen Wert darauf, dass seine Firma nie eine Betrugsanzeige gegen ihn erstattet habe. Das stimmt – allerdings nur deshalb, weil das Unternehmen im Falle einer Anzeige befürchtet, nie mehr Geld von Pohlmann zu sehen.

Vor allem beginnt der Handelsvertreter Pohlmann in diesen Tagen damit, ein Stück deutscher Mediengeschichte zu schreiben. Alles, was das Verkaufstalent zur Jahreswende 1958/59 noch anzubieten hat, sind seine Erinnerungen an Rosemarie Nitribitt, ihre gewerbliche Tätigkeit und einen kleinen Teil ihrer Kunden. Dass ein Mordverdächtiger gegen Honorar über das Leben der Toten auspacken will, ist neu für die beschauliche Medienbranche der Adenauer-Republik, die längst noch nicht vom Auflagenboom der Sexwelle träumt und sich vorerst mit Soraya, der traurigen Kaiserin, und Romy Schneiders Jungfräulichkeit behilft. Pohlmanns Plan ist so revolutionär, dass er nicht lange verhandeln muss: Henri Nannens „Stern" sind die Forderungen des Rosemarie-Kenners zwar zu hoch, weshalb Nannen höchstselbst den Informanten Pohlmann in einem Editorial als „warm, aber kein heißes Eisen" diffamiert; die konkurrierende „Quick" in München dagegen bezahlt die geforderten 18.000 Mark und sagt Pohlmann zu, seine Memoiren im unkommentierten Originalton abzudrucken. Ein Ghostwriter muss ihm allerdings helfen, seine auf Tonband gesprochenen Erinnerungen in eine lesbare Form zu gießen. Für den früheren Reisenden in Weizenkeimprodukten wird es beinahe das Geschäft seines Lebens sein. Beinahe.

Noch im Januar 1959 kommt Heinz Pohlmann seinen „Quick"-Partnern nach München entgegen, mietet sich im Hotel „Continental" ein und kauft von seinem frischen Geld ein neues Auto, diesmal ein silbernes Borgward Isabella Coupé mit Lederpolstern, Listenpreis 12.000 Mark. Der Mann spürt Rückenwind, auch die Filmwirtschaft interessiert sich für sein Wissen. Unter den ersten Interessenten, die ihn für eine Nitribitt-Dokumentation unter Vertrag nehmen wollen, sind zwei alte bayrische Bekannte Rosemaries: Gunter und Ernst-Wilhelm Sachs, die sonst so unterschiedlichen Brüder aus Schweinfurt, suchen kurz nach dem Freitod ihres Vaters nach brauchbaren Investments und wollen Pohlmann für Probeaufnahmen in den Bavaria-Filmstudios gewinnen. Offensichtlich bieten sie ihrem Verhandlungspartner aber zu wenig Geld: Nachts um drei, bei Whisky in der Continental-Hotelbar, unterliegen sie beim Kurs von 10.000 Mark plus sieben Prozent Umsatzbeteiligung dem Münchner Produzentenduo Wolf C. Hartwig und Dieter Fritko. Die beiden haben den Instinkt für schwüle Stoffe und Frankfurter Merkwürdigkeiten: Fritko hat bei der „Frankfurter Rundschau" als Filmkritiker ange-

Ein toller Hecht. Krasse Typen sind im Sprachgebrauch der 50er noch nicht erfunden, aber so sieht sich Heinz Pohlmann gerne. Noch vor dem Prozess posiert er als Hauptdarsteller eines Kinofilms. Ein Verdächtiger, der über das Leben des Opfers plaudert – das ist ein Aufreger, so korrekt sind die Zeiten noch.

fangen, Hartwig wird später den „Schulmädchenreport" erfinden und mit Streifen wie „Wenn die prallen Möpse hüpfen" absahnen.

Alle haben es eilig in diesem Januar 1959; die Beschwerde der Staatsanwaltschaft läuft noch, Pohlmann könnte ins Gefängnis zurückgerufen werden. Deshalb spricht er tagsüber aufs Tonband der „Quick"-Redaktion und steht abends vor der Kamera des Bundesfilmpreisträgers Georg

Krause, bis die Spitzenorganisation der deutschen Filmwirtschaft interveniert: Einer, dessen Verurteilung wegen Mordes womöglich bevorstehe, könne keine Hauptrolle spielen. Als mit der Neuen Constantin Film auch der Verleih einknickt, wird Pohlmann gegen den Schauspieler Jan Hendriks ersetzt.

Die „Quick" hat weniger Skrupel und macht Heinz Pohlmann zum Helden einer Nitribitt-Serie, in der er sich seine Wahrheit ungefiltert zurechtdrechseln darf. Er habe lange nicht gewusst, dass seine Freundin Rosemarie eine schlechte Frau gewesen sei, salbadert er beispielsweise, lügt wie gewohnt, wenn es um seine Berufstätigkeit geht, stilisiert sich zum Justizopfer und posiert wie der Held eines Nouvelle-Vague-Kriminalfilms vor der nächtlichen Hauptwache in Frankfurt. „Laut Werbespruch gehört dem Quick-Leser die Welt", kommentiert „Der Spiegel" mit gewohnter Häme. „Seit dem 17. Januar gehört ihm auch die Halbwelt".

Pohlmanns Erzählungen werden freilich vom Feigenblatt der Mördersuche bedeckt, für deren Erfolg Herausgeber Diedrich Kenneweg eine Belohnung von 50.000 Mark auslobt. Es ist der gleiche Betrag, wie ihn Staatsanwalt und Mutter der Getöteten bereit gestellt haben. Auch die Summe von 100.000 Mark geht somit als Superlativ in die deutsche Kriminalgeschichte ein, denn nie zuvor hatte es eine auch nur annähernd hohe Belohnungen gegeben. „Der Mörder ist unter uns", schreiben die „Quick"-Redakteure dazu, schon ahnend, dass ihr Verleger sein Geld behalten kann: „Der Mörder hat keine Hand gerührt, als statt seiner der Handelsvertreter Pohlmann verhaftet wurde und immer tiefer in Verdacht geriet. Dafür wollen wir ihn jagen. Was der Polizei nicht gelang, Millionen muss es gelingen. Der Mörder soll wissen, dass von nun an Millionen Augenpaare nach ihm suchen".

Welchen Grund nach nur fünf Fortsetzungen das Ende der Mörderjagd hat, verrät „Quick" nicht, als die Serie abbricht. Statt der Folge „Ein

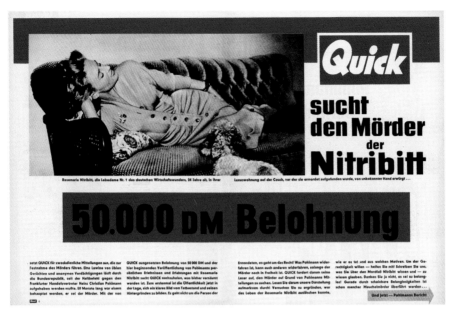

Der große Preis. Eine Belohnung von 50.000 Mark dient der Illustrierten „Quick" Anfang 1959 als Feigenblatt für eine mehrteilige Rosemarie-Nitribitt-Enthüllungsserie. Sie stoppt, als Hauptinformant Pohlmann gegen Honorar verstummt. Über 800 Hinweise aus der Bevölkerung gehen ein, keiner bringt die Frankfurter Ermittler weiter.

Mann mit 500 PS" veröffentlichen die Illustriertenschreiber am 21. Februar 1959 eine halbseitige Erklärung: „Nunmehr hat die Großjagd nach dem Mörder ein Stadium erreicht, in dem die Wißbegierde der Öffentlichkeit hinter dem Interesse der Strafverfolgung zurückstehen muss. Deshalb übergeben wir alles, was wir wissen und erfahren haben, den Behörden". Die Frankfurter Staatsanwaltschaft erreichen einige Zeit später 821 Leserzuschriften, verteilt auf acht Aktenordner, von denen keine einzige eine heiße Spur enthält. Es äußern sich Rentner und Hausfrauen, Verschwörungstheoretiker und Erotomanen, Wirrköpfe haben Visionen, die sie in mikroskopisch kleiner Sütterlinschrift auf holzigem Karopapier ausbreiten, Astrologen und Hellseher wissen was und teilen vorsorglich ihre Bankverbindungen mit. Ein „Quick"-Leser hat sichere Kenntnis davon, dass Erna Krüger ein verkleideter Mann und vor allem ein Ostspion sei. Es dauert bis zum 9. November 1959, bis ein Kriminalobermeister der Mordkommission alle Zuschriften gelesen hat: Glück für ihn, dass nichts Interessantes dabei ist, denn auch hier hätten brauchbare Hinweise in aller Ruhe Staub ansetzen können.

„Quick" kapituliert nicht vor der Erfolglosigkeit der Mördersuche, vor einer strengen Ermahnung des Deutschen Presserats oder dem Druck der Anzeigenkunden, sondern vor dem plötzlichen Schweigen des Heinz Pohlmann. Der wittert, während die ersten „Quick"-Exemplare an den Kiosken liegen, noch dickeres Geld: Ein Hamburger Rechtsanwalt, der offensichtlich für einen prominenten Freund der Ermordeten arbeitet, will mit dem Verdächtigen um alle Eigentumsrechte an dessen Frankfurter Erinnerungen verhandeln. Und er zuckt anfangs auch nicht, als Pohlmann den Preis seines Schweigens nennt: eine Million Mark.

Der Vorfall ist aktenkundig, wenn auch in drei unterschiedlichen Versionen. Sie gleichen sich nur zu Beginn. Demnach sitzen Vertreter der Firma Krupp im Januar 1959 einem Gerücht auf, das Redakteure des „Quick"-Konkurrenzblattes „Revue" aus Boshaftigkeit streuen: Die Münchner Illustrierte, so teilen sie der Krupp-Presseabteilung mit, plane, prominente Namen zu nennen. Von da an äußern sich die Beteiligten widersprüchlich. Harald von Bohlen und Halbach will selbst nicht tätig werden, weil er befürchtet, sich verdächtig zu machen, wohl aber will er versuchen, seiner Familie und dem Krupp-Konzernführer Berthold Beitz Ärger zu ersparen. Deshalb ist er Ende Januar 1959 damit einverstanden, einen Hamburger Anwalt und Medienexperten auf den „Quick"-Mitarbeiter Pohlmann anzusetzen. Der Jurist kommt auf Vorschlag von Berthold Beitz ins Spiel, soll seinen Auftraggeber verschweigen und vorgeben, für eine Filmfirma tätig zu sein. Die Kosten, so ist es innerhalb der Familie vereinbart, solle vorläufig die Firma Krupp übernehmen. Wobei Ehrenmann Harald darauf besteht, den Schaden am Schluss aus eigener Tasche zu ersetzen.

Nach Harald von Bohlen und Halbachs höchstpersönlich getipptem Gedächtnisprotokoll beißt Pohlmann augenblicklich an. Er wird jedoch bockig, als er auf einem Münchner Filmball von den wirklichen Auftraggebern erfährt: Ausgerechnet Arndt von Bohlen und Halbach steckt ihm dort, dass sein Vater das Schweigen des Verdächtigen kaufen wolle. Harald von Bohlen und Halbach nennt das eine „fürwahr beängstigende Komplizierung", zumal Heinz Pohlmann zuvor im Begriff gewesen ist, ein Angebot über 250.000 Mark zu akzeptieren. Jetzt will er offenbar wieder von Neuem zocken.

Gemeinsam beschließen demnach Harald, Alfried und Berthold Beitz Mitte Februar, die Aktion abzublasen. Harald von Bohlen und Halbach entscheidet, sich seinem Schicksal zu fügen: Die drohende Veröffentlichung beraube ihn jeder Freiheit, schreibt er, weshalb er die Nennung seines Namens schon beinahe erhoffe. Absurderweise aber planen weder „Quick" noch Pohlmann, einen Rosemarie-Liebhaber mit der Nennung seines Namens zu outen. Das geben sie dem Haus Krupp auf Anfrage sogar schriftlich.

Berthold Beitz wiederum erklärt, im Januar 1959 lediglich versucht zu haben, die Namensnennung mit den Möglichkeiten des geltenden Presserechts zu verhindern. Diesen und keinen anderen Auftrag habe der Hamburger Anwalt erhalten und sei dann sofort zurückgepfiffen worden, als er mit dem Mordverdächtigen über dessen geistiges Eigentum verhandelt habe. Sicher, so Beitz, habe Krupp den Advokaten bezahlt. Aber natürlich wolle in Essen niemand Geschäfte mit Pohlmann machen.

Der wiederum liefert in einer schriftlichen Zusammenfassung die wildeste Story: Der Medienanwalt aus Hamburg habe beim Whisky schnell offenbart, wer sein Auftraggeber sei, und den Vertragsabschluss über 250.000 Mark als sicher bezeichnet. Immerhin führt Pohlmann als Zeugen zwei seiner Anwälte an und bricht sofort die Kooperation mit „Quick" ab. Trotzdem sieht er hinterher kein Geld: Der Hamburger

Anwalt verspricht ihm zwar, einen Trostpreis von 50.000 Mark aus eigener Kasse zu bezahlen, nachdem er aus Essen wortwörtlich zum „eleganten Abgang" aufgefordert worden ist; er lässt den Kontakt zu Pohlmann statt dessen kommentarlos einschlafen. Bis 1965 versucht der mit Hilfe seiner Anwälte, das Honorar seines Schweigens einzuklagen: Zuletzt, als es nicht mehr um 250.000 Mark geht, sondern um ganze 3000, teilt ihm das Gericht mit, dass schon ein Vertragsentwurf sittenwidrig gewesen sei, weil er auf eine Erpressung des Auftraggebers abgezielt habe. Dass die Initiative im Januar 1959 nachweislich nicht von Pohlmann ausgegangen ist, spielt im Dezember 1965 keine Rolle. Die Kosten des Verfahrens trägt der Kläger.

„Mein finanzieller Status ist zur Zeit gleich null", teilt der Tatverdächtige im Juni 1959 wohl wahrheitsgemäß mit, als er vor das Frankfurter Schöffengericht geladen wird. Seit einigen Wochen ist er offiziell obdachlos, weil er seit seiner Haftentlassung in Münchner Hotels gelebt hat, die er nun nicht mehr bezahlen kann. Vor Gericht steht er in Frankfurt nicht wegen des Mordes an Rosemarie Nitribitt, sondern wegen Diebstahls und Unterschlagung, jener Delikte, die er in polizeilichen Vernehmungen gestanden hat, um die Herkunft seiner Ersparnisse zu erklären. Ein angerichteter Schaden von 12.000 Mark gilt der Kammer als erwiesen, weshalb sie Pohlmann ohne Bewährung für ein Jahr und vier Monate ins Gefängnis schickt. „Nach dem Urteil stellte sich Pohlmann vor dem Gerichtssaal auf, zündete sich eine Zigarette an und hielt den bewundernden Blicken der Damen stand, die sich dort postiert hatten", protokolliert ein Lokalreporter. Pohlmann reist vom Main weiter in die Justizvollzugsanstalt Bernau am Chiemsee.

Der publikumswirksame Auftritt des Angeklagten ist nur eine harmlose Ouvertüre zum eigentlichen Gerichtsverfahren, das im Juni 1960 den Mord an Rosemarie Nitribitt sühnen soll. Noch kennt die Republik keinen Fall Vera Brühne: Der bleibt zwei Jahre später auch deshalb unvergesslich, weil Schaulustige das Münchner Gericht stürmen, um an der Verhandlung teilnehmen zu können. Es ist deshalb neu und skandalös, was sich in den drei Prozesswochen im Frankfurter Justizgebäude zuträgt: „Da tauchen Touristen in bunten Hosen und Blusen im Gerichtssaal auf, die Kameras umgehängt", notiert ein Lokaljournalist. Etwa 50 Zuschauer warten am ersten Verhandlungstag, dem 20. Juni 1960, seit sieben Uhr morgens auf den Einlass in den Schwurgerichtssaal 146; manche haben Butterbrote und Thermoskannen dabei; einzelne sind alkoholisiert, andere werden nach kurzer Zeit auf ihren Stühlen einschlafen. Als sich die Türen öffnen, kämpfen sie mit Ellbogen, vollen Einkaufstaschen und Aktenmappen um einen der Sitzplätze. Wer leer ausgeht, wartet draußen, bis einer der Zuhörer auf die Toilette muss.

Die Mühe lohnt sich. Nicht nur das Opfer und der Angeklagte sind prominent, sondern auch der Verteidiger des Handelsvertreters Heinz Christian Pohlmann: Der lässt sich von dem Münchner Strafrechtler Alfred Seidl vertreten, jenem Juristen, dem es während der Nürnberger Prozesse gelungen war, den Hitler-Stellvertreter Rudolf Hess als einen von wenigen Angeklagten vor der Todesstrafe zu bewahren. Interessanterweise stellt keiner der zahlreichen Medienvertreter in seiner Berichterstattung die Frage, wie sich der insolvente Pohlmann einen Starverteidiger leisten kann; fest steht im Sommer 1960 nur, dass Seidl und sein Sozius Georg Jablonka das Mandat bereits im Dezember übernommen haben. Über die Hintergründe schweigen sie ebenso wie Pohlmanns Frankfurter Rechtsanwalt, der noch viele Jahre später einfach den Hörer auflegen wird, wenn ihn ein Anrufer auf den Fall Nitribitt anspricht.

Vor allem aber bietet der Prozess jene skurrilen Momente, die das Publikum darüber hinwegtrösten, dass Sensationen nicht stattfinden. Große Namen nennt das Schwurgericht beim Landgericht Frankfurt nicht, lässt sie auch von keinem einzigen Zeugen nennen, geschweige denn muss einer der prominenten Freunde der Toten aussagen. Statt dessen bittet der Angeklagte am ersten Prozesstag darum, seine Schuhe auszeihen zu dürfen, weil ihn die Füße schmerzen: Er sei den modischen, spitzen Schnitt nach einem Jahr im Gefängnis nicht mehr gewöhnt. Amtsgerichtsrat Dreysel gibt dem Antrag statt.

In den folgenden drei Wochen hört er nicht nur eine Vielzahl von Zeugen, die Aufschluss über die Geldgeschäfte des Heinz Pohlmann und das Leben seiner Freundin Rosemarie geben, sondern auch solche, deren Aussagen jedes Kabarettprogramm dieser Zeit bereichert hätten. Eine ehemalige Putzfrau der Ermordeten etwa will Peitschen im Kleiderschrank der Rosemarie Nitribitt gefunden und ihre Auftraggeberin gefragt haben, wofür sie die brauche. Antwort: „Och, ich habe einen Freund aus Bonn". Ihre Nachfolgerin Erna Krüger, die angibt, sich wegen ihrer Tropenkrankheit nur verschwommen entsinnen zu können, weiß noch ganz genau vom Anruf eines Frankfurter Hotels, den sie in Rosemarie Nitribitts Wohnung entgegengenommen hat: Man schicke jetzt drei Herren vorbei. „Na hören Sie mal, ich bin nur die Putzfrau, Fräulein Rosemarie ist nicht da", will sie geantwortet haben. Die Antwort: „Macht ja nichts, was die kann, können sie auch". Daraufhin, meint Erna Krüger, habe sie aufgelegt. Der Saal gluckst vor Vergnügen, und ebenso geht die Aussage eines Frankfurter Tankwarts in die Berichterstattung ein: Der erinnert sich daran, dass die Kundin im schwarzen SL immer andere Herren dabei hatte, die ihre Tankrechnung bezahlen sollten. Weil der Tank meist nahezu leer war, gab es Diskussionen, die der Zeuge auf seine Art zu schlichten versuchte: „Entweder sie wissen, was sie wollen, oder ich hänge meinen Schlauch ab". Was habbe mer gelachd.

Wenig zu lachen haben dagegen die Frankfurter Kripo-Ermittler: Ihre Indizien nimmt das Gericht mit Akribie auseinander. So muss ein leitender Ermittler eingestehen, dass acht oder neun Nebenspuren auch nach über zweieinhalb Jahren noch nicht zu Ende bearbeitet sind. „Man-

che der Beamten taten so, als ob sie apodiktische Wahrheiten verkünde-
ten und ihre Bekundungen keinen Zweifel zuließen", kommentiert die
„Frankfurter Rundschau" am 30. Juni 1960. Je weiter der dreiwöchige
Prozess voranschreitet, desto besser läuft es für den Angeklagten.

Zwischendurch ist allerdings noch einmal deutlich zu spüren, wie
rau die Zeiten für Underdogs wie ihn sind. Prof. Dr. Reinhard Redhardt,
forensischer Psychiater und Verfasser eines damaligen Standardwerks über
homosexuelle Jugendliche, hat Heinz Pohlmann in fünf Sitzungen begut-
achtet und referiert am 4. Juli 1960 über dessen defekte Persönlichkeit.
Demnach spricht etwa gegen ihn, dass er fehlerhaft Begriffe gebraucht,
„die dem Bildungsstand und dem gesellschaftlichen Umkreis des
Beschuldigten nicht entsprechen". Sein Persönlichkeitsbild enthalte
„abnorme Strukturen", die sich vor allem durch Pohlmanns Geltungs-
sucht und seine fehlgesteuerte Sexualität äußern. Prof. Redhardt, der bis
in die 90er Jahre praktiziert, wird reichlich vier Jahrzehnte nach dem Prozess nicht mehr bereit sein, über sein Gutachten zu sprechen, obwohl er
sich noch bestens an den Angeklagten Pohlmann erinnern kann.

Dessen größtes Manko ist es im Juni 1960, dass ihm auch das
Gericht nicht glaubt, eine größere Bargeldmenge gespart zu haben.
Gleichzeitig gelingt es der Kripo nicht, die Kammer von der Höhe des
Betrags zu überzeugen, den Rosemarie Nitribitt in ihrer Wohnung
gehabt haben muss: Die Polizei glaubt an mindestens 18.000 Mark,
schon wegen des Brillantrings, den die Ermordete in den ersten Novem-
bertagen 1957 abholen wollte. Dass sie allerdings vorhatte, ihren erst
kurz zuvor gekauften Zweikaräter zum Neupreis in Zahlung zu geben,
macht den angenommenen Geldbetrag ein gutes Stück unglaubhafter.

Als groben Denkfehler der Mordkommission enthüllt das Gericht
die Annahme, Heinz Pohlmann habe das geraubte Geld am 2. November
1957 in einem Päckchen versteckt und bis zum 6. November bei
Bekannten im Odenwald deponiert: Denn bereits am Tag zuvor, dem 5.,

zählt er der Frankfurter Mercedes-Niederlassung ja 9500 Mark in bar auf die Theke, um seinen schwarzen 190er mitnehmen zu können. Den Widerspruch entnimmt der Vorsitzende Richter den polizeilichen Ermittlungsakten.

Auch die mausgraue Anzughose, die Heinz Pohlmann vor der Polizei verschwinden lässt, eignet sich am Ende nur als Entlastungsindiz: Denn als er das Kleidungsstück zu einer Bekannten bringt, ist Rosemarie Nitribitt nach übereinstimmender Aussage mehrerer Zeugen noch am Leben. Zudem hätte die Hose nach Erkenntnis der Kammer mit frischem Blut verschmutzt sein müssen, wenn Heinz Pohlmann kurze Zeit zuvor der Mörder gewesen wäre – es sind aber ältere, trockene Flecken, an die sich die Zeugin mit Gewissheit erinnert.

Selbst der Reisbrei, den Heinz Pohlmann seiner Freundin gekocht hat, ist ein Beweismittel, das für ihn spricht: Rosemarie Nitribitt isst davon, nachdem sie ihren letzten bekannten Freier ausgepeitscht hat, und muss nach dem Ergebnis der Obduktion auch kurz vor ihrem Tod davon gegessen haben. Der Topf weist Reisanhaftungen bis zum oberen Rand auf, muss ursprünglich also voll gewesen sein. Zudem, so die präzise Erinnerung der beiden Oberkellner ihres Stammrestaurants „Patrizier", habe man ihr am Abend des 29. Oktober, gegen 21 Uhr, noch ein Filetsteak mit Kartoffeln und Spinat serviert, dazu Mineralwasser und Magenbitter. Die Mahlzeit ist für die Gerichtsmedizin nicht mehr feststellbar. Demnach kann das Gericht nicht der Kripo-Meinung folgen, dass Rosemarie Nitribitt am späten Nachmittag des 29. gestorben sein muss, sondern glaubt daran, dass sie bis zum 30. Oktober gegen 11 Uhr morgens gelebt haben kann – jener Uhrzeit, zu der sie normalerweise ihr Frühstück in die Wohnung holte. Für große Teile dieses Zeitraums aber hat Heinz Pohlmann ein Alibi. Es ist deshalb vollkommen unwichtig, wer am 29. Oktober 1957 den großen dunklen Wagen fuhr, der gegen 16.20 Uhr aus der Toreinfahrt des Nitribitt-Wohnhauses bog.

Am 11. Juli 1960 hat Heinz Christian Pohlmann das letzte Wort. Er spart nicht mit Pathos: „Ich habe in meinem Leben schrecklich viele Fehler gemacht. Ich glaube jedoch, auch sagen zu können, dass ich auch ein guter und selbstloser Freund gewesen bin. Ganz bestimmt aber bin ich kein Mörder, und so wahr mir Gott helfe, ich bin unschuldig am Tod der Rosemarie Nitribitt". Während sich das Gericht zur Beratung zurückzieht, irrt auf dem Flur ein Mann aus einem Dorf bei Bad Hersfeld herum und behauptet, Weltraumstimmen hätten ihm den Mord an Rosemarie Nitribitt befohlen.

Es ist ein einstimmiges Urteil, das die Strafkammer am Landgericht Frankfurt fällt, so jedenfalls wird es Richter Reinhard Dreysel viele Jahre später offenbaren. Man habe zwar geglaubt, dass Pohlmann das Geld der toten Rosemarie Nitribitt gestohlen habe, nicht aber, dass er selbst der Mörder sei. Amtsgerichtsrat Dreysel als Vorsitzender, die Landgerichtsräte Rehart und Schang als Beisitzer sowie der Landwirt Heinrich Seip, die Fernschreiberin Anna Bauer, der Schreinermeister Reinhard Mauer, die Bankbeamtin Elise Schwappach, der Straßenbahnschaffner Christian Gerlach sowie der kaufmännische Angestellte Karl Heinzerling als Schöffen erkennen deshalb für Recht, dass der Verdächtige freigesprochen wird. Zwar bestehe gegen Heinz Pohlmann dringender Tatverdacht, aufgrund der Indizienlage aber könne er nicht verurteilt werden. Unter anderem müsse man berücksichtigen, dass er lüge, wenn er nur den Mund auftue, auch wenn es für ihn schädlich sei.

„Das Volk klatschte Beifall wie nach einem gelungenen Schlußakt am Theater", notiert die „Frankfurter Rundschau" am nächsten Tag. Junge Mädchen rufen „Bravo", als Pohlmann kurz nach zehn Uhr freigesprochen wird; der wiederum weint; Blitzlichter zucken auf und der Vorsitzende Richter droht, den Saal wegen des ungehörigen Betragens der Zuhörer räumen zu lassen. Kurze Zeit später hat sich Heinz Pohlmann wieder gefangen und gibt Interviews: „Das war ein gerechter Vorsitzender. Er hat sich viel Mühe gegeben". Dass man ihn mindestens für einen Dieb hält, kommentiert er nicht. Staatsanwalt Wolf kündigt gleichzeitig die Revision an, will aber die schriftliche Urteilsbegründung abwarten. Nachdem er die 53-seitige Ausführung Dreysels erhalten hat, zieht er seinen Antrag zurück.

Die Akte wird geschlossen, obwohl nach dem Urteil amtlich ist, dass sich die Frankfurter Kriminalpolizei von grundlegend falschen Vermutungen leiten ließ: Kein Alibi wird in der Folgezeit neu ermittelt, kein möglicher Täter erneut befragt. Und keiner der Journalisten, denen der Fall Nitribitt in den vorangegangenen Jahren krachende Aufmacherstorys geliefert hat, fragt nach dem Grund. „Möge sich das Interesse verflüchtigen", fordert nicht etwa die „Abendpost – Nachtausgabe", sondern die „Frankfurter Allgemeine Zeitung" in einem Kommentar zum Ende des Prozesses – und gießt damit den Pawlowschen Reflex der Adenauer-Ära in die knappstmögliche Form: Vorwärts, und schnell vergessen.

Heinz Pohlmann kehrt nicht mehr nach Frankfurt zurück. Wer ihn dort näher kennt, traut ihm zwar keinen Mord zu, wohl aber die Erpressung eines Mörders. „Es gab damals ein geflügeltes Wort in der Schwulenszene: Wenn man ihn verurteilt hätte, dann hätte der Heinz gesagt, wer es war", erinnert sich ein früherer Bekannter. Mitte November 1960 ist Pohlmann ein freier Mann, der fortan nur noch seinen zweiten Vornamen gebraucht und sich als Christian Pohlmann in München niederlässt. Mitte der 60er Jahre arbeitet er als Vertreter und lebt in einer exklusiven Wohngegend nahe des Schlosses Nymphenburg. Zehn Jahre nach Prozessende steht sein Name erstmals im Münchner Telefonbuch. Pohlmann, so sagen Insider, ist zu dieser Zeit Besitzer eines gut besuchten Lokals in der Fraunhoferstraße, mitten im Glockenbachviertel gelegen – dort, wo Münchens Gayszene mittlerweile offen verkehrt, weil der Paragraf 175 zumindest für Erwachsene nicht mehr gilt.

Es ist nicht viel Verlässliches, was sich über Pohlmanns Leben nach dem Prozess erfahren lässt. Zu Beginn der 70er Jahre wechselt er noch

Freispruch zweiter Klasse. Heinz Pohlmann und sein Anwalt Alfred Seidl am letzten Prozesstag vor dem Frankfurter Schwurgericht. Die Indizien lassen eine Verurteilung des Verdächtigen nicht zu. Applaus im Publikum, die Pressefotografen packen ein letztes Mal ihre Kameras aus.

einmal den Wohnsitz, wobei er sich im Stadtviertel verschlechtert: Er bezieht eine Zwei-Zimmer-Mietwohnung in einem vierstöckigen Wohnhaus in der Kreillerstraße. Es ist eine bessere, aber gesichtslose Appartementanlage aus den 60er Jahren, mit Marmorfoyer, großen Balkons und Panoramafenstern, an einer Durchgangsstraße zwischen Tankstellen und Autowerkstätten gelegen. Einige Nachbarn erinnern sich Jahre später an einen freundlichen, stets korrekt gekleideten Kettenraucher, einen Mann, der nie in Urlaub fuhr, zurückgezogen lebte und seine penibel gepflegten Mercedes-Limousinen alle paar Jahre wechselte.

Einer von ihnen, den er manchmal zum französischen Kognak in seine Wohnung bittet, ist durch Zufall hinter seine Vergangenheit gekommen und spricht ihn auf Rosemarie Nitribitts Tod an. Er rechnet damit, dass Christian Pohlmann ungehalten wird. Der bleibt ruhig und erstickt das Interesse seines Gegenüber mit einem einzigen Satz: „Glaub´ mir, ich war es nicht". Mitunter kommt es vor, dass Pohlmann in München durch Zufall auf alte Frankfurter Bekannte trifft, die ihn sofort wiedererkennen und ansprechen, denn sein Äußeres hat er nicht verändert. „Wer sind Sie?" fragt er dann irritiert. „Entschuldigung, ich kenne Sie nicht. Das ist ein Irrtum, ganz bestimmt". Wenn ihn Journalisten aufspüren und anrufen, legt er kommentarlos den Telefonhörer auf. Den nie zustandegekommenen Schweigevertrag erfüllt er gewissenhaft.

Anfang der 80er Jahre wechselt Christian Pohlmann das Metier und arbeitet als selbständiger Immobilienmakler. Er ist auf Einfamilienhäuser der gehobenen Preisklasse spezialisiert, ohne besonders häufig tätig zu werden. Richtig geschäftsmäßig sei er nicht aufgetreten, sagt einer, der ihn kannte. Man habe an andere Geldquellen geglaubt. Solche, die mit Pohlmanns Frankfurter Vergangenheit zu tun hätten.

In den letzten Jahren seines Lebens ist er krank. Der Zigarettenliebhaber muss sich einen Fuß amputieren lassen und leidet an Lungenkrebs. Am 25. September 1990 meldet eine Todesanzeige in der „Süddeutschen Zeitung", dass der 69-jährige Immobilienmakler Christian Pohlmann vier Tage zuvor verstorben sei. Eine Familie mit süddeutschem Dutzendnamen trauert still und gibt keine Kondolenzadresse bekannt. Heinz Christian Pohlmanns Leichnam wird eingeäschert und auf einem anonymen Gräberfeld des Münchner Waldfriedhofs beigesetzt.

Die testamentarisch eingesetzte Erbin seines Vermögens wird auf spätere Gesprächsanfragen nicht antworten. Was immer Heinz Christian Pohlmann noch zu seiner Verteidigung hätte sagen können, es bleibt ungesagt.

V. Rosi geht nach Hollywood

„So sah ich denn, dass nichts Besseres ist,
als dass ein Mensch fröhlich sei in seiner Arbeit, denn
das ist sein Teil. Denn wer will ihn dahin bringen,
dass er sehe, was nach ihm geschehen wird?"

Prediger 2, 22

Java, die Romanfigur, drückt auf das eine von 16 Klingelschildern, auf dem kein Name steht. Der Name fehlt auch im wirklichen Leben, jedenfalls ist es im Frühjahr 2006 so, als Judith Kuckarts Roman „Kaiserstraße" erscheint: Das Appartement Nummer 41 in der Frankfurter Stiftstraße 36 steht eine Zeitlang leer. Im Buch ist ein Sonderling eingezogen, ein Messie im vermüllten Nierentisch-Ambiente, doch sonst hält sich das Schlusskapitel ziemlich genau an die Wirklichkeit.

„Es dauerte, dann summte es. Dann ein eiserner Fußabtreter, ein langer, kühler, grauer Flur, der führte in eine andere Zeit. Sie traten von der Hitze in den Schatten. Jule legte die Hand auf die Wand: echter Marmor. Vier mal vier Briefkästen im Quadrat und darüber, in Gold, die Ziffer 36, dann ein Metallabfalleimer für Werbung, dann fünf graue, glänzende Stufen. Nach wenigen Schritten den Marmorflur entlang waren sie am Fahrstuhl. Jule hielt Java die Tür auf, und ein Licht, das ihr alt vorkam,

Die Rosi ist in aller Munde, man spricht von ihr zu jeder Stunde.
Rosi, Rosi Nitribitt, sie war so goldig in der Mitt.
Und ihren Chic und ihren Glanz, vergoldete der Männer Schwanz.
Doch ohne Geld, als armer Mann, da konnte leider keiner dran!
Nur reichen Männern, für Moneten, hielt sie ihr Ding hin zum verlöten.

So machten viele einen Ritt

IN FRANKFURT BEI DER
NITRIBITT

Das klappte, bis in aller Stille ein Buhmann machte kille-kille,
und als er fertig war, der Bengel, war Rosi ein perfekter Engel.
Die um sie trauern, tragen einen seid'nen Flor um ihren Kleinen
und denken voller Gram und Kummer, an ihre letzte Rosi-Nummer.
Natürlich nahm die Nitribitt ihr hochkarätig Schneckchen mit.
Das Gedenke dieser Mös' ist schon nitribittionös!
Nun ruhen ihre Beine ganz brav und keusch alleine.
Nur ein großes Leide füllt ihre trockne Scheide,
denn es kommen nimmermehr Ritter mit Diamanten am Speer
der Räuberin Rosi in die Quer.

Rosi ist im Himmel!
Hätt' Sie einen Pimmel — gehabt, statt einer Punz,
wär' sie noch unter uns!

Da lacht der Stammtisch. Der Nachruf auf Rosemarie Nitribitt kursiert Ende der 50er Jahre in tadelloser Druckqualität. Das private Traktätchen entblößt den Muff der 50er – es ist nur eines von vielen, das nach Rosemarie Nitribitts Tod in den Brieftaschen deutscher Bürger verwahrt wird.

fiel aus der Kabine in den Flur. Ich fahre nie Fahrstuhl, sagte Java und nahm die Treppe. Jule ging hinein, ließ die Türe zufallen, lehnte sich an eine der verspiegelten Wände. Baujahr 1955, stand unter den Tasten für die vier Etagen. Hier waren die Menschen noch mit Milchflaschen unter dem Arm nach oben gefahren".

So wirkt es auf neuzeitliche Betrachter tatsächlich, das Appartementhaus Stiftstraße 36. Judith Kuckart, geboren 1959, schickt die Tochter eines Politikers hinein, die bis auf eines nicht viel von ihrem Vater weiß: Sie kennt seine Leidenschaft für Rosemarie Nitribitt, die sein halbes Leben bestimmt hat, obwohl er ihr niemals begegnet ist.

Judith Kuckart nennt ihre Hauptfigur Leo Böwe, sie lässt ihn als Waschmaschinenvertreter arbeiten, der im Herbst 1957 nach Frankfurt kommt. Es ist der Abend des 31. Oktober 1957, als er auf der regnerischen Kaiserstraße einem seltsamen Passanten begegnet. Der raucht Ziga-

Liebhaberstück. Es ist Sommer 1970, als der Kfz-Mechaniker Dieter Münster aus Ekholt bei Elmshorn in Deutschlands berühmtestem 190 SL sitzt. Rosemarie Nitribitt war die erste Besitzerin, er ist der achte Halter und verkauft das Cabrio mit Gewinn an einen Hamburger Gastwirt weiter. In dessen Garage soll Rosemaries Roadster kurz darauf einem Feuer zum Opfer gefallen sein.

retten, die nach Nelke riechen, will ihm eine Schreibmaschine verkaufen, eine Olivetti, und redet dann von der toten Nitribitt, die Böwe auch für eine Büromaschine hält, weil er ihren Namen nicht kennt. Als er am folgenden Tag von ihrem Tod hört, wird er ihn sich merken, lebenslang. Und: Er wird die Bekanntschaft von Frauen suchen, die ihn an Rosemarie Nitribitt erinnern, weil er fest daran glaubt, ihrem Mörder begegnet zu sein. Der Schutzumschlag des Romans zeigt ein Nitribitt-Bild: Es ist das bekannte Schwarzweiß-Foto, das sie rauchend auf dem Fahrersitz ihres schwarzen Opel Kapitän zeigt. „Auf ihre Frisur", schreibt Judith Kuckart über Rosemarie Nitribitt, „hatte sie immer besser Acht gegeben als auf ihre Seele".

Rosi und kein Ende, auch nicht fast fünf Dekaden nach ihrem Tod, nicht in einer Gesellschaft, die mobile Dienstleisterinnen mit ihren Freiern in amtlich angeordnete Verrichtungsboxen lotst, so geschehen 2006 während der Fußball-Weltmeisterschaft am Spielort Köln. Nitribitt heißt eine Stuttgarter Werbeagentur, die ihre Geschäftsräume im örtlichen Rotlichtviertel unterhält. Den gleichen Namen wählt sich in den 80er Jahren ein deutsches Independent-Plattenlabel, noch immer trägt ihn eine seit langen Jahren aktive Interessenvertretung Bremer Huren, und sie teilt ihn mit 14 Mitgliedern des Internet-Auktionshauses eBay.

Es gibt gut besuchte Frankfurter Stadtführungen auf den Lebensspuren der teuren Verstorbenen, und in der „Langen Nacht der Museen" stehen Frankfurter jeden Alters Schlange vor dem Polizeipräsidium in der Adickesallee, weil im Kriminalmuseum eine Nitribitt-Performance stattfindet: Eine blonde Schauspielerin im 50er-Jahre-Fummel mimt dann das große Original, deren bleicher Schädel mit den makellosen Zahnreihen ein paar Meter weiter in der Vitrine liegt. Das Double erzählt aus Rosemaries kurzem Leben, vor der Tür parkt ein eigens entliehener 190 SL, schwarz mit roten Lederpolstern. Noch immer ist der seltsame Nachname ein Markenzeichen für Prostitution, wie Tesa für Klebeband und Tempo für Papiertaschentücher. Und wahrscheinlich hat einer der Frankfurter Kripo-Ermittler recht, wenn er einen Teil des nicht endenden Rosemarie-Hypes auf deren einprägsamen Nachnamen zurückführt.

Ausgerechnet die „Frankfurter Allgemeine Zeitung" wittert zum ersten Mal einen „Mythos", genährt aus „Neugier, moralischer Überlegenheit, Schadenfreude, Neid und Ekel". Als diese Zeilen erscheinen, ist Rosemarie Nitribitt noch nicht einmal bestattet: Der FAZ-Leitartikel stammt vom Samstag, dem 9. November 1957. Ein Sexskandal in besten

Die Flotte und ihr Kapitän. Rosemarie Nitribitt in ihrem schwarzen Sechszylinder-Opel, eines der meistgedruckten Fotos aus ihrem Nachlass. Sie lässt es im Sommer 1955 von einem Profifotografen aufnehmen – „für Mannequinzwecke", wie sie sagt.

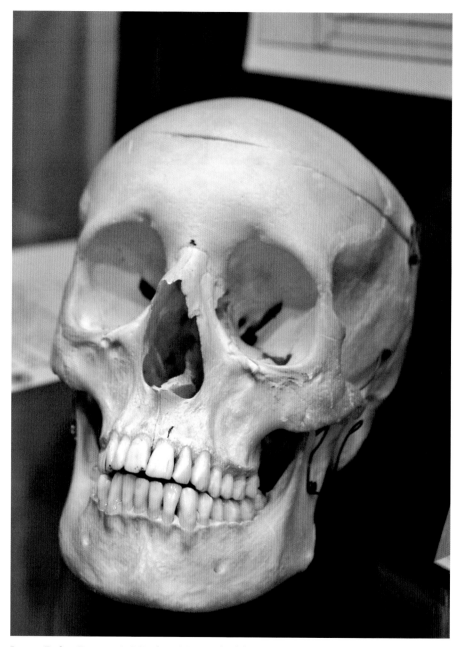

Letzte Ruhe. Rosemarie Nitribitts Totenschädel ist heute im Kriminalmuseum des Frankfurter Polizeipräsidiums ausgestellt. Als Asservat lagerte er jahrelang in einem Milchglasbehälter, vor neugierigen Blicken geschützt. Mittlerweile darf ihn jeder sehen.

deutschen Kreisen, das ist neu, und es macht erste Zweifel an den Triumphen der Aufbau-Epoche sichtbar. Selbst das Frankfurter Zentralorgan der Arrivierten erschaudert angesichts einer „traumlosen Spesenritter-Lebewelt von heute, die ihre Lulu am Kühlerschmuck zu erkennen glaubt".

Andere Teile der deutschen Medienindustrie meinen das Gleiche, äußern sich aber auf weniger sophistische Art. Bereits am Dienstag, dem 5. November 1957, verzeichnet die Freiwillige Selbstkontrolle der deutschen Filmwirtschaft die Titelanmeldung „Der Fall Nitribitt (Das Leben und Schicksal der blonden Rosemarie)". Am 9. November 1957 lässt sich ein Produzent den Filmtitel „Polizeiakte Mannequin Isabell" reservieren, am 11. November – dem Tag ihrer Beisetzung in Düsseldorf – kündigt ein anderer Filmschaffender einen Streifen namens „Rosemarie – aus dem Tagebuch eines Mannequins" an. Realisiert wird keiner von ihnen, sondern eine Titel-Anmeldung, die erst am 15. November 1957 bei der Wiesbadener FSK eingeht: „Ein Mädchen namens Nitribitt" soll das Werk der Münchner Roxy-Film anfangs heißen, dann „Rosemarie Nitribitt – die Liebe ist mein Geschäft". Das klingt so gut, dass es für die Filmschaffenden sofort erste Gratis-Schlagzeilen regnet: Die 6000 bayrischen Kinobesitzer sind empört und erklären, einen Film mit diesem Titel unter keinen Umständen zeigen zu wollen.

Das mag auch mit den Machern zusammenhängen: Produzent Luggi Waldleitner ist im Deutschland der 50er ein Spezialist für kontroverse Stoffe und „Qualitätsweiber", wie er selber einräumt; Regisseur Rolf Thiele und Drehbuchautor Erich Kuby gelten in diesen verklemmten Tagen nicht nur als Virtuosen der knalligen PR-Arbeit, sondern vor allem als Gesellschaftskritiker mit Linksdrall. Sie wären deshalb auch verdächtig, wenn sie nicht ausgerechnet das Leben der Frankfurter Hochpreis-Gefährtin inszenieren würden. Und weil sie das offenbar genau wissen, setzen sie noch vor Drehbeginn im April 1958 die passenden

Gerüchte in die Welt. Eines davon besagt, dass die Filmgesellschaft wegen der bevorstehenden Rosemarie-Dreharbeiten einen Film über das Leben des Heiligen Ignatius von Loyola gestrichen habe, was zuverlässig in höhere Kreise der katholischen Kirche vordringt und für erbitterte Proteste sorgt. Kuby stichelt mediengerecht zurück: „Die Empfindlichkeit gewisser Kreise gegen das Projekt kommt daher, dass sie mit Recht vermuten, der Kundenkreis des Mädchens könnte im Film eine gewisse Rolle spielen".

Das ist keine leere Drohung. Rosemarie Nitribitts Mutter findet jedenfalls nichts dabei, der Filmgesellschaft ganz offiziell die Persönlichkeitsrechte am Leben ihrer toten Tochter zu übertragen. Sie werden ein untergeordneter Posten im Etat der Roxy-Film sein, die als Rosemarie die junge Wiener Schauspielerin Nadja Tiller unter Vertrag nimmt und ihr 120.000 Mark Gage garantiert – exakt so viel Geld, wie das Vorbild des Films hinterlassen hat. Dabei ist Nadja Tiller der Jungstar am Set, wo große Darsteller wie Gert Fröbe, Peter van Eyck und Carl Raddatz die Freunde der Ermordeten mimen. Hubertus von Meyerinck spielt den ewigen Preußen in Uniform, der dieses Mal nicht beim Kommiss dient, sondern im Hotelfoyer, wo er Rosemaries Adresse gegen Trinkgeld an gute Kunden weiterreicht. Der junge Horst Frank hat einen Auftritt als Zeuge Jehovas, den Rosi im SL fast über den Haufen fährt. Mario Adorf gibt Rosis früheren Zuhälter in der Kellerwohnung, die gerade 17-jährige Karin Baal ihre Nachfolgerin.

Aber zuerst muss gedreht werden und dann immer wieder neu geschnitten, weil dies eine staatlich legalisierte Zensur fordert, die 1958 noch keine „Spiegel"-Affäre in Frage gestellt hat. Dabei ist das Drehen schon schwierig genug. Der Steigenberger-Konzern lehnt Filmszenen im Foyer des „Frankfurter Hof" ebenso ab wie Mercedes-Benz im oder vor dem gegenüber liegenden Verkaufssalon. Waldleitner lässt deshalb die Halle des Hotels detailgetreu in einem Berliner Studio nachbauen, ohne den berühmten Gobelin über der Rezeption zu vergessen, und bittet das Filmteam an einem sehr frühen Sonntagmorgen vor den Mercedes-Salon am Kaiserbrunnen: Der Kameramann sitzt in einem VW-Bus, der am Straßenrand steht, und dreht durch einseitig verspiegelte Seitenscheiben. Zudem gibt Mercedes keine Werkswagen heraus, weshalb mehrere 190 SL und 300er-Limousinen von kooperativen Privatbesitzern entliehen werden. Weil die sich allerdings nicht in Frankfurt finden, lässt Waldleitner die Requisiten aus Berlin an den Main schaffen.

Opel im nahen Rüsselsheim weigert sich, Werkshallen für eine unverfängliche Fabrikszene zur Verfügung zu stellen, schließlich wird bei Krauss-Maffei in München gedreht, wo nach der Filmpremiere keiner gewusst haben will, um welchen Streifen es sich handelt. Eine Prozesswelle rollt an: Der Mineralölkonzern Aral befürchtet eine „Herabsetzung der von uns vertriebenen Markenwaren", weil Rosemarie Nitribitt ohne Drehgenehmigung an einer Aral-Zapfsäule lehnt – die Szene wird herausgeschnitten. Und der Steigenberger-Konzern erreicht auf juristischem Weg, dass sein Haus mit einer Einblendung als fiktives „Palast-Hotel" unkenntlich gemacht wird.

Eine gerahmte Ludwig-Erhard-Karikatur über dem Bett der Film-Nitribitt ist nur während der ersten Kinotage sichtbar, sie wird wegretuschiert. Prompt brodelt es in der Gerüchteküche: Erhard selbst sei Nitribitt-Liebhaber gewesen, auch von Franz-Josef Strauß ist die Rede. Beide Namen kommen in den erhalten gebliebenen Ermittlungsakten nicht vor. Es klagen der Besitzer des Hauses Stiftstraße 36, das in der Urfassung zweimal genannt wird, und ein Baron von Oertzen, Generalvertreter der „Allianz" in Ludwigshafen am Rhein, der sein Geschlecht durch eine Namensgleichheit im Drehbuch besudelt sieht. Die Freiwillige Selbstkontrolle kommt zu dem lebensnahen Schluss, dass der Film als „Anleitung zur gewerbsmäßigen Unzucht" misszuverstehen sei. Man spricht von seiner entsittlichenden Wirkung und fordert ein moralisierendes

Vorwort, das Rolf Thiele als Kinodia voranstellt: „Wir sind den Umständen nicht dankbar, die uns zu diesem Film herausfordern", schreibt er. „Sicherlich sind die Auswüchse unseres Wohlergehens Ausnahmen. Sie sollten dennoch nicht dazu führen, den Kopf in den Sand zu stecken. Denn wir haben gar keinen Sand, sondern eine Demokratie". So passiert er problemlos die Selbstkontrolle, der Rosemarie-Film, und es ist nur Drehbuchschreiber Kuby, dem die Anmerkung Thieles wie eine „monumentale Idiotie" vorkommt. Ein Wort von Karl Kraus macht die Runde: „Satiren, die der Zensor versteht, werden mit Recht verboten".

Nicht einmal der ursprünglich geplante Filmtitel bleibt erhalten: Als „Das Mädchen Rosemarie" kommt deren verfilmtes Leben in die Kinos, weil sich Produzent Waldleitner um die Verwechslungsgefahr sorgt. Im Jahr 1958 erlebt die Bundesrepublik ihren ersten großen Lebensmittelskandal, bei dem es um verbotene Nitrit-Beimischungen in Fleisch und Wurst geht. Nitrit und Nitribitt, das könnte nach Meinung der Münchner Filmemacher zu viel sein für das unkundige Mainstream-Publikum, zumal es in beiden Fällen ja, höhöhö, um Frischfleisch geht.

Die Wahrheit ist, zumindest im Rückblick, amüsanter als der Film, der 1958 als verwegen gilt, weil Thiele und Kuby ein paar Kabarettszenen der Berliner „Stachelschweine" eingebaut haben: Das Schicksal der Nitribitt darf nach Moritatenart besungen werden, aber nur so kritisch, dass sich der Besitzbürger im Publikum nicht an seinem Lachen verschluckt. „Brillanten an der Hand, Picasso an der Wand, mein Kampf ham´ wir leider verbrannt", heißt es in einer der gelungeneren Szenen. „Und rechts ´nen Nerz, und links ´nen Nerz, und die Freiheitsglocke im Herz". Die Songs von Jo Herbst und Rolf Ulrich sollen an Brecht erinnern; nur wenige Kritiker jener Zeit stoßen sich am hörbaren Stolz auf das Erreich-

Wie neugeboren. Nadja Tiller als Rosemarie Nitribitt, der Film wird zum entscheidenden Karriereschritt der jungen Wienerin. Sie handelt 120.000 Mark Gage aus – das entspricht dem Nachlass des toten Film-Vorbilds.

Wo
deutsche Eichen
steh'
kann Bös
nicht gescheh'n

E. M. Lang

Rosemarie und die Freiwillige Selbstkontrolle.
Erst nach mehrfachen Eingriffen darf Rolf Thieles Spielfilm gezeigt werden. Die FSK verweigert ihm trotz internationaler Erfolge standhaft das sonst leicht erhältliche Prädikat „Wertvoll". Karikatur von 1958.

te. „Man musste nur den Toilettendeckel aus Plastik im gut gekachelten Badezimmer der Bundesrepublik anheben, um dramaturgische Ausdünstungen zu empfangen", kommentiert etwa die „Frankfurter Rundschau".

Ansonsten bemüht sich die junge Nadja Tiller um schnippisch geschürzte Lippen, nennt ihre Bekanntschaften gerne „ulkig", schläft andeutungsweise mit reichen Männern, deren Lebensäußerungen sie auf Wunsch eines französischen Rivalen auf ihrem Tonband konserviert, und stirbt schließlich, weil sie die Beweismittel nicht an ihren Auftraggeber weiterreichen mag. „Die Ermordung kündigt sich durch eine fast ununterbrochene Kette von Mercedes an, die Fahrzeuge ihrer Freier, die wie die motorisierten Todesboten in Jean Cocteaus Orphée-Film mit abgeblendeten Scheinwerfern am Tatabend das Haus der Toten umkreisen. Das Ende wird kurz darauf durch einen Schrei und das Verlöschen des Lichts in ihrem Appartement angedeutet", schreibt der „Spiegel" nach einem ersten

Des deutschen Wunders liebstes Kind. Nitribitt-Darstellerin Nadja Tiller im 190 SL. Der Film stilisiert die teure Verstorbene zur sinnverwirrenden Industriespionin und avanciert zum Blockbuster der Saison 1958/59.

Blick ins druckfrische Drehbuch, ohne die Absurdität der Szene zu würdigen. Dass sie zu viel wusste, gehört seitdem zur überlieferten Geschichte der Bundesrepublik, so wie es für viele Chronisten ausgemacht ist, dass die echte Rosemarie einen roten Roadster fuhr wie ihr Double auf den Filmplakaten. Aber immerhin weist das Essener Kennzeichen am 190 SL eines frühen Liebhabers dezent auf die wahre Geschichte hin.

Aus der Distanz von fünf Jahrzehnten lässt sich leicht lächeln; bei seiner Premiere gilt der Film als Abgrund von Landesverrat. Als „Das Mädchen Rosemarie" auf der Biennale in Venedig uraufgeführt werden soll, schaltet sich die Politik ein: Das Auswärtige Amt lässt den Veranstaltern des Festivals mitteilen, dass es den Film für ungeeignet halte, als offizieller deutscher Beitrag gezeigt zu werden. Rosemaries verfilmtes Leben wecke „falsche Vorstellungen von den wirtschaftlichen und sozialen Verhältnissen der Bundesrepublik". Der Filmreferent des Bundesaußenministers Heinrich von Brentano, Dr. Franz Rowas, droht den Produzenten schließlich mit der Streichung von Bundeszuschüssen, wenn sie die Vorführung des „Superhuren-Films" nicht verhindern. Dass weder Rowas noch Brentano den Streifen gesehen haben, spielt keine Rolle. Rolf Thiele höchstpersönlich ist es dann, der die Filmrolle im Nachtzug nach Italien schmuggelt, woraufhin sich die Adenauer-Regierung auf ihre Weise rächt: Sie zieht die offizielle Delegation aus Venedig zurück.

Besser kann es kurz vor dem Bundesstart nicht kommen, sogar der Filmdienst der Katholischen Kirche wirbt nach Kräften mit, in dem er „die Verherrlichung eines unmoralischen Lebens" geißelt. Das hat es seit der nackten Hildegard Knef als „Sünderin" – 1951 im Frankfurter „Turm-Palast" uraufgeführt – nicht gegeben: Auch deshalb sehen das Werk mehr als acht Millionen Bundesbürger, womit „Das Mädchen Rosemarie" zum umsatzstärksten Kinofilm der Saison 1958/59 avanciert. In ganz Europa läuft er 1959, später auch in Israel und mit großem Erfolg in nordamerikanischen Kinos, wo Rolf Thiele immerhin einen

„Golden Globe" entgegennehmen darf. In seinem Entstehungsland bleibt dem Film sogar das leicht erhältliche Prädikat „Wertvoll" vorenthalten. Wohl auch deshalb steht Rosemarie bald im Dienste der DDR-Agitation: Ihre Biografie läuft in ausverkauften Filmtheatern des Arbeiter- und Bauernstaats, dessen Promi-Rabulist Karl-Eduard von Schnitzler höchstpersönlich den Text des Filmprogramms drechselt. „Die gesellschaftliche Kritik geht nicht in die Tiefe", ätzt er, „schließlich wurde der Film im Staate des Verfassungsschutz und der Filmkontrolle gedreht".

Damit vertritt er eine ähnliche Meinung wie Erich Kuby, der seine Idee durch die Ballung von Kompromissen verwässert sieht und deshalb noch im gleichen Jahr das Buch zum Film nachliefert. Ein Roman, so argumentiert er, biete größere Freiheiten, weil das Lesepublikum ja viel kleiner sei als das Kinopublikum. Also baut er Schachtelsätze, verliert den Kampf gegen das Schwurbeln und legt so seinen Lesern ein weiteres Zeitdokument auf die Teakholz-Tische ihrer Wohnzimmer. „Das Mädchen starrte ihn verwundert an. Dieser Blick war wie der einer Negerin, die zum ersten Mal über der Lichtung ihres Krals ein Flugzeug auftauchen sieht", schreibt er. Und, weil Rosemarie ja nichts ist ohne ihren schwarzen SL: „Sie war nicht Leda mit dem Schwan, sie war Rosemarie mit dem SL. Die reichen Männer stellten nicht nur fest, dass dieses Mädchen teuer war, weil sie einen teuren Wagen fuhr, den sie selbst fuhren oder hätten fahren können, wenn sie gewollt hätten; sie sahen auch angesichts dieser schamlosen Person im offenen Wagen eine Art körperliche Vereinigung zwischen einem blonden Mädchen und einem schwarzen Auto, mitten in Frankfurt, und wenn sie sich dessen auch nicht bewusst waren, so gerieten sie in einen Zustand, in dem sie gierig wurden, die Rolle des Wagens zu übernehmen, und glaubten plötzlich ebenfalls über 105 PS zu verfügen, oder vielmehr: über 105 Männerstärken".

Kuby weiß vermutlich nicht, wie bemüht sich das schwere Sportcabriolet mit seinem leistungsgesteigerten Limousinenmotor in Wirklich-

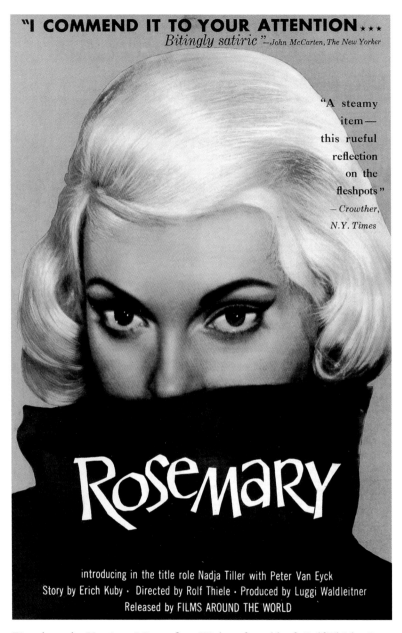

"I COMMEND IT TO YOUR ATTENTION...
Bitingly satiric"—John McCarten, The New Yorker

"A steamy
item—
this rueful
reflection
on the
fleshpots"
— Crowther,
N.Y. Times

ROSEMARY

introducing in the title role Nadja Tiller with Peter Van Eyck
Story by Erich Kuby · Directed by Rolf Thiele · Produced by Luggi Waldleitner
Released by FILMS AROUND THE WORLD

Eine deutsche Karriere. Mit großem Werbeaufwand läuft Rolf Thieles Rosemarie-Film
1959 auch in den Vereinigten Staaten an. Er kassiert beste Kritiken, mit denen die Ver-
leihfirma stolz wirbt. Selbst der erfolglose Nachdreher „Die Wahrheit über Rosemarie"
läuft unter dem Titel „She walks at Night" in den USA.

keit fortbewegt, und offenbar interessiert er sich auch nicht für die Eigenart der polizeilichen Ermittlungen. Dass die Hauptdarstellerin in seinen Augen unwichtig sei, wie Kuby sagt, steht dem Erfolg seines Romans nicht ihm Weg: Als der „Nestbeschmutzer von Rang", wie ihn Heinrich Böll nannte, im September 2005 mit 95 Jahren stirbt, ist sein in 14 Sprachen übersetzter Klassiker noch immer lieferbar. Rosemarie hat ihn reicher gemacht als sich selbst.

Der zweite abendfüllende Nitribitt-Kinofilm, „Die Wahrheit über Rosemarie", floppt dagegen im Herbst 1959: Die verfilmten Erzählungen des Handelsvertreters Heinz Pohlmann, zuvor schon in der „Quick" zu lesen und jetzt von einem anonymen Erzähler wiederholt, interessieren das gut informierte Publikum nicht mehr, zumal das britische Atombusen-Starlet Belinda Lee als Nitribitt-Darstellerin so glaubhaft wie eine Schaufensterpuppe wirkt. Das Publikum wartet lieber auf den nahenden Schwurgerichtsprozess und die Sensationen, die er dann doch nicht ans Tageslicht bringt.

Danach wird es ruhiger um Deutschlands berühmteste Hure, aber nie völlig still. So bringt es die Tote nach zehn Jahren noch einmal zu Schlagzeilen, als in Nordrhein-Westfalen gefälschte Briefmarken mit Nitribitt-Motiv auftauchen: Sie zeigen einen liegenden Frauenkörper mit gespreizten Beinen und Dolch zwischen den Brüsten, dazu eine Waage mit Münzgeld und einem Herz in den Schalen. „Zehn Jahre Trauer um Rosemarie Nitribitt" lautet die Inschrift. Experten der Bundespost sind erstaunt über die saubere grafische Arbeit und den qualitätvollen Druck der gefälschten Postwertzeichen, die etliche Male wie reguläre Frankaturen abgestempelt werden. Wer in den Besitz der Nitribitt-Briefmarken

Pohlmanns Erzählungen. Der Verdächtige sitzt in Haft, als seine Frankfurter Anekdoten als Kinofilm anlaufen, der es mit 104 Minuten Spieldauer sogar zur Überlänge bringt. Aber sehen will ihn kaum jemand, was das dazugehörige Filmprogramm zur echten Rarität macht.

Bitte freimachen, wenn Briefmarke zur Hand.
Nitribitt-Gedenk-Postwertzeichen kommen
1968 in Umlauf und sehen amtlich genug aus,
um offiziell entwertet zu werden. Die Suche nach
dem wohl privaten Urheber bleibt ergebnislos.

komme, solle sie doch
bitte im nächsten Postamt
abgeben, lässt das Bundes-
postministerium ausrich-
ten. Der Urheber wird in
der DDR vermutet und
nie gefunden.

Nicht ganz zwei Jahre
zuvor, Anfang 1966, zieht
die Boulevard-Presse ihre
Parallelen, als in Frankfurt
die High-End-Prostituierte
Helga Matura (Deckname:
Karin) zu Tode kommt:
Auch sie – laut amtlichem
Melderegister eine Kauf-
frau für Sportartikel – ver-
kehrt zuvor in besten Kreisen und leistet sich ein Mercedes-Cabriolet mit
dem passenden Kennzeichen F-KA 70. Sie stirbt, nachdem sie ihr letzter
Besucher mit einem Pfeifenreiniger-Besteck attackiert hat, und wieder
muss die Frankfurter Polizei bei ihrer Suche nach dem Täter passen. Der
Fall gerät schnell in Vergessenheit: Deutschland hat endlich seinen
Oswalt Kolle, hat Versand-Pornos in diskreten Kuverts aus Dänemark
und keinen Grund mehr, ernsthaft überrascht zu sein.

In den 70er Jahren entwickelt sich die erste Wirtschaftswunder-Nos-
talgie-Welle, illustriert mit den ewig gleichen Fotos, die in allen Illustrier-

Original und Fälschung. Ganz Deutschland weiß 1959, wie die echte Nitribitt ausgese-
hen hat. Das macht die Atombusen-Aktrice Belinda Lee in der Hauptrolle des Films
„Die Wahrheit über Rosemarie" doppelt unglaubhaft. Ein tödlicher Autounfall beendet
1961 die kurze Karriere des britischen Starlets.

ten zu sehen sind: Adenauer, Erhard, Elvis, Nierentisch und Petticoat – und Rosemarie Nitribitt mit Pudel am 190 SL. Rainer Werner Fassbinder nimmt sie sich 1981 zum optischen Vorbild seines Spielfilms „Lola", auch er vergisst den Mercedes nicht und greift mit Mario Adorf auf einen der Thiele-Darsteller von damals zurück. Thiele selbst versucht sich bereits 1976 in einer Fortsetzung seines alten Sujets: Er lässt „Rosemaries Tochter" 18-jährig aus dem Schweizer Internat nach Frankfurt kommen und den Spuren ihrer Mutter folgen. Das kann nicht gut gehen: Als Hauptdarstellerin hat er ein norwegisches Playmate gecastet; zu den weiteren Mitwirkenden zählen Herbert Fux und Hans Clarin; Kabarett-, Nonsens- und Bettszenen wechseln sich in loser Folge ab. Der grottenschlechte Streifen, eine Melange aus Erotikfilm, Komödie, Musical und Politdrama, geht als Kassengift und verdientermaßen letzte Regiearbeit Thieles in die deutsche Kinogeschichte ein.

Noch einmal 20 Jahre später erreicht das Filmschicksal der Rosemarie Nitribitt auch jene Enkelgeneration, die den Skandal von damals nur aus Erzählungen kennt: Für den Fernsehsender SAT 1 lässt der Produzent Bernd Eichinger 1996 vier Remakes legendärer deutscher Nachkriegs-Spielfilme inszenieren; den Rosemarie-Film betreut er selbst als Regisseur. „Die wahre Geschichte der deutschen Edelprostituierten Rosemarie Nitribitt im Frankfurt der 50er Jahre" verspricht SAT 1 in Pressetexten, was natürlich nicht stimmt: Eichinger verzichtet zwar auf Kabaretteinlagen im Stil des Originals, erzählt aber eine ebenso fiktive Story wie sein Vorgänger.

So ändern sich die Zeiten, teilweise wenigstens: Die 21-Jährige Hauptdarstellerin Nina Hoss sagt in zahlreichen Szenen die selben Drehbuch-Sätze wie damals Nadja Tiller und agiert wie sie als Erpresserin; dafür darf sie im Foyer des Palast-Hotels ihren Pelzmantel aufknöpfen,

Das zweite Gesicht. Szenenfotos des Rolf-Thiele-Films „Rosemaries Tochter", 1976. Der wirre Streifen floppt trotz zeittypischer Freizügigkeit.

Die Skandale der Mutter
sind weltberühmt. Hier ist

Rosemaries Tochter

Ein Film von Rolf Thiele

Die Skandale der Mutter
sind weltberühmt. Hier ist

Rosemaries Tochter

Ein Film von Rolf Thiele

unter dem sie nichts trägt, verführt als Fürsorgezögling den keuchenden Anstaltswärter auf dem Feldbett und reicht später Weisheiten wie diese dar: „Liebe ist ein Klebstoff, der nicht lange hält". Statt des Mercedes-Corsos und verlöschenden Lichts in der Mordwohnung verschwindet Rosemarie nach 128 Filmminuten in der winterlichen Nacht, begleitet vom eingeblendeten Hinweis, dass sie am 29. Oktober 1957 umgebracht worden sei. Die Zweifel der Wirklichkeit müssen Fernseh-Dramaturgen nicht näher beschäftigen.

Es ist das richtige Leben, das mitunter die feineren Pointen bereit hält. So erzählen Nachbarn des Wohnhauses Stiftstraße 36 von den Nachmietern der Rosemarie Nitribitt, die im Juni 1958 einen Großteil ihrer Möbel übernahmen und dann über 40 Jahre lang fast nichts veränderten. Er ist Ende der 90er Jahre gestorben, sie ins Altersheim gezogen. Zuvor ließ sie das Mobiliar für den Sperrmüll bereit stellen. Die Internationale der Trödel-Experten griff zu, ohne zu wissen, wessen einstigen Hausstand sie in alle Himmelsrichtungen verstreuten.

Immerhin, es ist Sommer 2007 und die Appartementanlage Stiftstraße 36 steht noch. Das viel zeittypischere Redaktionshaus der „Frankfurter Rundschau" gleich gegenüber fiel Anfang 2006, um Platz für eine Shoppingmall und zwei Hochhäuser zu machen. Das Haus Nummer 36 aber wirkt noch fast 50 Jahre nach dem Tod der prominentesten Mieterin gepflegt. Sein Eingang liegt zwischen Billigreisebüro und Sexshop, ist jedoch nahezu im Originalzustand erhalten. Die Tür mit ihrem goldfarbenen Alu-Eloxal-Rahmen ist die selbe wie 1957, ebenso wie die kleine Schaufenster-Vitrine, die früher zum Damenmodengeschäft „Inge" gehörte, und die golden eingefasste Siedle-Klingelanlage. Allerdings ist die Hausmeisterin verärgert über einen anonymen Liebhaber, der die Umrahmung vom Klingelschild des Appartements 41 abschraubte und mitnahm. Originale Ersatzteile sind beim Hersteller nach so langer Zeit nicht mehr lieferbar.

Ein unbedeutendes Detail, denn längst ist die altmodisch gewordene Immobilie den Ideen der Stadtplaner im Weg. Der im März 2007 vorgestellte Hochhaus-Rahmenplan der Stadt Frankfurt sieht den gesamten Gebäudekomplex zum Abriss vor. An seiner Stelle sollen zwei Wohntürme entstehen, 50 und 80 Meter hoch.

Quellennachweis und Literatur

Marli Feldvoß: Wer hat Angst vor Rosemarie Nitribitt? In: Zwischen Gestern und Morgen. Westdeutscher Nachkriegsfilm 1946 – 1962. Frankfurt 1989.

Thomas Flemming/Bernd Ulrich: Vor Gericht. Deutsche Prozesse in Ost und West nach 1945. Berlin 2005.

Horst Günther: Frankfurt bei Nacht. Schmiden bei Stuttgart 1959.

Max Christian Graeff/Cristina Moles Kaupp: Skandalgeschichten der Bundesrepublik. München 1998.

Georg M. Hafner/Edmund Jacoby (Hrsg.): Die Skandale der Republik. Hamburg 1990.

Joachim S. Hohmann (Hrsg.): Keine Zeit für gute Freunde. Homosexuelle in Deutschland 1933 bis 1969. Berlin 1982.

Rüdiger Jungbluth: Die Quandts. Ihr leiser Aufstieg zur mächtigsten Wirtschaftsdynastie Deutschlands. Frankfurt 2002

Martina Keiffenheim: Edelhure Nitribitt. Die Rosemarie aus Mendig. Aachen 1998.

Gert von Klaas: Aus Schutt und Asche. Krupp nach fünf Menschenaltern. Tübingen 1961.

Anja Klabunde: Magda Goebbels. Annäherung an ein Leben. München 1999.

Erich Kuby: Rosemarie – des deutschen Wunders liebstes Kind. Stuttgart 1958

Bernd Lohse (Hrsg.): Frankfurt am Main. Vergangenheit und Zukunft. Frankfurt 1957.

Wendelin Leweke: Gretchen und die Nitribitt. Frankfurter Kriminalfälle. Frankfurt 1991.

Stefan Maiwald: Mysteriöse Todesfälle von Mozart bis Monroe. München 2000.

Norbert Mühlen: Die Krupps. New York 1960.

Paul Noack/Bernd Naumann: Wer waren sie wirklich? Ein Blick hinter die Kulissen der elf interessantesten Prozesse der Nachkriegszeit. Bad Homburg v.d.H. 1961.

Kurt Pritzkoleit: Wem gehört Deutschland? Eine Chronik von Besitz und Macht. München/Wien/Basel 1957.

Dr. Reinhard Redhardt/Dr. Brigitte Reng: Prostitution bei weiblichen und männlichen Jugendlichen. Stuttgart 1968.

Rico Remberg: Sex auf Rädern. Stuttgart 1970.

Wilfried Rott: Sachs – Unternehmer, Playboys, Millionäre. Eine Geschichte von Vätern und Söhnen. München 2005

Martin Maria Schwarz/Ulrich Sonnenschein: Hessen Kriminell. Orte des Verbrechens in Hessen. Marburg 1999.

Anna Maria Sigmund: Die Frauen der Nazis. Wien 1998

William E. Simmat: Prostitution und Öffentlichkeit. Soziologische Betrachtungen zur Affäre Nitribitt. Schmiden bei Stuttgart 1959

Helfried Spitra (Hrsg.): Die großen Kriminalfälle. Deutschland im Spiegel berühmter Verbrechen. Frankfurt 2001.

W. Stahl/D. Wien: Frankfurt von 7 bis 7.
Ein ungewöhnlicher Führer durch eine bedeutende Stadt. Hamburg 1966.

Frank Stenglein: Krupp. Höhen und Tiefen eines Industrieunternehmens. München/Düsseldorf 1998.

Hans-Jürgen Usko/Günter Schlichting: Kampf am Kiosk. Macht und Ohnmacht der deutschen Illustrierten. Hamburg 1961.

Peter Wensierski: Schläge im Namen des Herrn.
Die verdrängte Geschichte der Heimkinder in der Bundesrepublik. München 2006.

Tilo Frhr. von Wilmowsky: Warum wurde Krupp verurteilt? Stuttgart 1950.

„Frankfurter Allgemeine Zeitung", „Frankfurter Rundschau", „Frankfurter Neue Presse", „Abendpost/Nachtausgabe", speziell Jahrgänge 1957 bis 1960

„Der Spiegel", speziell Jahrgänge 1958, 1959, 1960

„Süddeutsche Zeitung", Jahrgänge 1959 und 1960, 1990

„Quick", speziell Jahrgang 1959

„Der Stern", speziell Jahrgänge 1959 und 1960

„Revue", Jahrgang 1959

„Neue Illustrierte", Jahrgang 1959

Telefon- und Adressbücher der Stadt Frankfurt am Main,
  Ausgaben 1956, 1957, 1958

Telefon- und Adressbücher der Stadt München, diverse Ausgaben
  1960 bis 1990

Archivalien

Zeitungsausschnittsammlung des Instituts für Stadtgeschichte,
  Frankfurt am Main

Zeitungsausschnittsammlung der „Frankfurter Rundschau",
  Frankfurt am Main

Aktenkonvolut Abt. 461 Nr. 33233, Bde 1-72, Hessisches Hauptstaatsarchiv
  Wiesbaden

Akte N XII 194 zur Fürsorgeerziehungssache Rosemarie Nitribitt,
  Amtsgericht Mayen

Fürsorgeakte des Kreisjugendamts Mayen, Landeshauptarchiv Rheinland-Pfalz
  Koblenz

In Einzelfällen wurden Namen und Berufsangaben, die in den Archivalien
zu finden waren, mit größtmöglicher Behutsamkeit so verändert, dass ein noch
lebender Beteiligter nicht mehr erkennbar ist. Sämtliche Zitate und Situationen
wurden nach Überlieferung unverändert wiedergegeben.

DANKE

Murke wurde rot. (...) „Ich sammle eine bestimmte Art von Resten“. „Welche Reste?“, fragte Humkoke. „Schweigen“, sagte Murke, „ich sammle Schweigen“.

Heinrich Böll, Doktor Murkes gesammeltes Schweigen

Es gab nur wenige Zeitzeugen, die es nicht vorzogen zu schweigen. Ihnen gilt mein größter Dank, auch wenn sie keinerlei Wert auf Nennung ihrer Namen legen. Hilfreich waren mir aus naheliegenden Gründen aber auch die Absagen damaliger Beteiligter und die unbeantwortet gebliebenen Kontaktaufnahmen, die – zusammen mit einzelnen, eventuell wohlmeinenden Warnungen vor der Gefährlichkeit meiner Recherchen – das Treibhausklima der 50er Jahre bis heute spürbar werden lassen. Nennen darf ich glücklicherweise folgende Begleiter und Unterstützer meiner Arbeit, ohne die es dieses Buch nicht geben würde:

Klaus Arnold, Hanau

Dr. Diether Degreif, Hessisches Hauptstaatsarchiv, Wiesbaden

Dr. Beate Dorfey, Landeshauptarchiv Rheinland-Pfalz, Koblenz

Hansjürgen Döpp, Frankfurt

Günter Engelen, Mannheim

Astrid Fries, Ludwigshafen

Julia Gattineau, Amtsgericht Mayen

Alfons Gutmann, Frankfurt/Main

Volker Harms-Ziegler, Institut für Stadtgeschichte, Frankfurt/Main

B. Klein, „Frankfurter Rundschau“, Frankfurt/Main

Olivier Pol Michel, Mannheim

Paul-Martin Roland, Stuttgart

Jochen Perrey, Meckenheim/Pfalz

Stefan Roßbach, Mannheim

Christian Setzepfandt, Frankfurt/Main

Reinhard Schmid, Tübingen

Norbert Schneider, Friedberg

Dieter Wachsmundt, Polizeipräsidium Frankfurt am Main

W. Wanderer, Polizeipräsidium Frankfurt am Main

Thomas Wirth, Mannheim

Joe Zawinul †

Kenner des Falls und der handelnden Personen sind sehr herzlich eingeladen, Inhalte dieses Buchs zu korrigieren und neue Aspekte beizusteuern. Vertraulichkeit ist zugesichert. Kontakt über den Verlag oder nitribitt@online-home.de.